Ulrich Peltzer

Angefangen
wird
mittendrin

Frankfurter
Poetikvorlesungen

S. Fischer

© S. Fischer Verlag GmbH, Frankfurt am Main 2011
Satz: pagina GmbH, Tübingen
Druck und Bindung: CPI – Clausen & Bosse, Leck
Printed in Germany
ISBN 978-3-10-060806-2

Die Dinge, der Alltag

> *» Was nützen mir historische Ruinen?*
> *Ich will mehr Gegenwart.«*
> Rolf Dieter Brinkmann, *Rom, Blicke*

Manchmal ist es das Detail eines Bildes, etwa eines Fotos, an das man sich wieder erinnert, manchmal der kurze Refrain eines Songs aus dem Radio, den man gerade hört, oder die Atmosphäre einer Installation, die man irgendwann einmal in einem Museum gesehen hat. Vielleicht ist es auch der Anblick eines verkrüppelten Jongleurs in einer Fußgängerzone oder der Besuch einer Bankfiliale in Zürich vor ein paar Monaten – und sogleich weiß man, nur hier kann es losgehen, in diesem Moment, in dieser Situation, mit dem Jongleur und seinen Krücken zum Beispiel, mit dem Gefühl der Ergriffenheit, das eine raumfüllende Installation Renée Greens damals hervorrief, mit dem Gesicht des Bankangestellten hinter seinem Schreibtisch in der Credit Suisse, als man ihn fragte, was denn ein Schließfach koste. Plötzlich befindet man sich mittendrin, in jenem notwendigen, beinahe schicksalhaften Mittendrin, das den Vorgang des Erzählens wie die Geschichte, die man erzählen will, überhaupt erst ermöglicht. Ein anderer Beginn scheint dann nicht mehr denkbar, ein Vorher, in dem man anfangen könnte, sondern nur noch ein sehr dezidiertes Ab-jetzt, eine Art von Sprung aus dem Nichts in den Text. Der ein Roman werden soll, wie die mit sich selbst getroffene Festlegung lautet, wenn auch das, was Fabel bzw. Plot zu nennen wäre, bisher eher eine lose Folge von Szenen als ein halbwegs strukturierter Zusammenhang war und seine Sprache, die Sprache des Buches, seit Monaten eher einer körperlosen Empfindung glich, als schon syntaktische Gewissheit zu sein. Das heißt ein Spannungsverhältnis zwischen den Sätzen und innerhalb der Sätze, das über jede Konstruktion, über jeden ausgeklügelten narrativen Twist hinaus die Handlung, oder sagen wir besser: das Geschehen vorantreiben würde. Auf ein Ende zu, das ich nicht kenne, das da sein wird, wenn es so weit ist; der letzte Satz am letzten Tag, um alle unproduktiven Determinierungen zu vermeiden.

Beinahe schicksalhaft, wie ich im Bezug auf dieses Mittendrin vor ein paar Zeilen sagte, sollte nicht bedeuten, dass es unter Umständen nicht auch andere geben könnte, die ebenso gut wären, die Geschichte in Gang zu setzen, sollte das Moment der Kontingenz, das jedem Mittendrin innewohnt, nicht unterschlagen, sondern vor allem betonen, dass eine Entscheidung getroffen wurde, die weitreichende, nicht mehr hintergehbare Konsequenzen hat. Etwa die technische Konsequenz, dass eine bestimmte Vergangenheit, das Vorher des zu Erzählenden, jetzt nur noch als Rückblende, als Gedankenspiel oder Teil einer Rede auftauchen darf, oder die praktische, aus der eigenen Erfahrung gewonnene, auch als Zwang zu bezeichnende Konsequenz, nicht mehr aufhören zu können von diesem unbegreiflich einleuchtenden Startpunkt an, bis man fertig wird; mit dem Roman, mit sich, nicht aber, die Hoffnung muss man haben, mit den persönlichen Beziehungen, in denen man zu Anfang steckte. Denn das Schreiben ist kein therapeutischer Akt, Schriftsteller sind keine Kranken, die sich und ihre Nächsten selbst behandeln, sondern sie lesen die Symptome der Welt; selbst wenn sie nichts davon wissen wollen.

Sie lesen sie, ohne sie zu kategorisieren, denn sowenig das Schreiben ein therapeutischer Akt ist, ist es einer von statistischer Diagnostik, von politischer Beweisführung oder Parteinahme, und vielleicht spräche man besser von den Symptomen, wenn wir den Begriff schon eingeführt haben, den Symptomen ›einer‹ Welt, einer Welt ›in‹ der Welt, die auf den Autor, die Autorin, eine schwer widerstehliche Anziehungskraft ausübt. Oder Abstoßungskraft, die zur Mobilisierung eines idiosynkratischen Furors führt, obgleich Furor und Idiosynkrasie einen Roman in der Regel (es gibt Ausnahmen) nicht durchgängig vitalisieren und die Gefahr, ins Ressentiment abzurutschen, meist nur mit großer Mühe abzuwenden ist. (Im Übrigen das widerwärtigste aller negativen Gefühle, das Ressentiment, das einen Menschen durch und durch vergiftet und ausgesprochen hässlich macht.) Also, Symptome eines Typs von Welt, die einem oft als – mehr oder weniger – alltägliche Phänomene begegnen, sich in kleinen differenten Schüben wiederholende Ereignisse, von denen man hört, die man erlebt oder die in irgendeiner Person, in deren Verhalten und Sprache, zum Ausdruck kommen. Und die einen auf verwickelte, nicht immer nachvollziehbare Weise affizieren, mit einem Mal Neugier und Interesse, Abscheu oder Bewunderung erwecken können. Wobei ›mit einem Mal‹ heißt: Gestern noch nicht und morgen nicht mehr, oder nicht mehr mit jener Intensität, die ausreichen würde für eine längere Beschäftigung – mit den Phänomenen wie zugleich mit dem Affekt, dem Bündel von Affekten, die sie auf den Plan gerufen haben. Nicht gestern, nicht morgen, sondern nur heute, an einer flüchtigen Schnittstelle meiner Subjektivität, die sich ständig verändert, verlagert, neue Kombinationen ihrer Linien eingeht, wodurch einem Vorhaben die Akutheit genommen oder ich sogar ganz von ihm abgebracht werden kann. Winzige Drehung der Perspektive oder mitreißende Flucht, beides abhängig von so vielem, das kaum zu kalkulieren, geschweige denn im Detail zu kontrollieren ist und dem wir im doppelten Sinn des Wortes unterliegen.

Davon, von der Fragwürdigkeit jeglicher Souveränitätsvorstellungen, die der Einzelne sich von sich macht, wusste schon der Neapolitaner Philosoph Giambattista Vico im frühen 18. Jahrhundert, als er schrieb: »Ich scheine mir der gleiche zu bleiben; aber im dauernden Auf und Ab der Dinge, die in mich eingehen und mich verlassen, bin ich in jedem Zeit=Moment ein anderer.«

Was keineswegs besagen soll, man sei nichts als ein willenloses Produkt zufälliger Verkettungen von Impulsen und Gegenständen, die irgendwo und irgendwie zu finden sind, aber hinreichend klar darauf verweist, dass es eine Illusion ist, sich in einem Akt von Selbstermächtigung eine Beständigkeit (oder Autonomie) zuzumessen, die vielleicht ein Felsbrocken hat, jedoch sicher nicht ein menschliches Wesen.

Das nämlich unausgesetzt modifiziert wird und sich selbst modifiziert, Verbindungen herstellt und kappt, zu allem fähig wie zum Gegenteil von allem, in seiner Gegenwart gefangen wie es ihm immer wieder glückt, sie zu verlassen, zu überschreiten, sich also ihrer pausenlosen Zumutungen zu erwehren. Und sei es im Verschwinden oder Verstummen, »I would prefer not to«, wie Bartleby, der Held in Herman Melvilles Erzählung *Bartleby, der Schreiber*, ein ums andere Mal seinem Chef erwidert, bevor er sich endgültig ins große Schweigen verabschiedet. Aus dem Kreislauf der Dinge, ihrem »dauernden Auf und Ab«, aussteigt, jener Folge von Corso und Ricorso, von Aufstieg, Fall und neuerlichem Aufstieg, die laut Vico, dem ersten Geschichtsphilosophen der Neuzeit, für alle Zivilisationen Gültigkeit hat. Deren Entstehen und Vergehen hatte er in seinem Hauptwerk, der *Neuen Wissenschaft über die gemeinschaftliche Natur der Völker* von 1725, im Blick, als er für jede Zivilisation drei Stadien annahm, die sie notwendigerweise von ihren Anfängen bis zu ihrer Zerrüttung durchlaufe, und diese Stadien auf den Gebieten der Religion, der Regierungsform und der in ihnen jeweils vorherrschenden Sprache untersuchte. Vom Zeitalter der Götter über das der Heroen zu dem der Menschen, von der Theokratie über die Aristokratie zur Demokratie und von der hieroglyphischen Gebärdensprache religiöser Zeremonien über die symbolisch-heraldische Sprache aristokratischer Krieger zur artikulierten Rede des demokratischen Jedermanns, zur Umgangssprache bzw., wie es Klaus Reichert formuliert, zur »ungeschmückten Schriftsprache«. Womit Vico ein allgemeines, fast schon materialistisches Entwicklungsmodell liefert, das sich sowohl auf Gesellschaften als auch Individuen anwenden lässt und das zudem einer erzählerischen Struktur gehorcht, die im Wechselspiel von beidem, Gesellschaft und Individuum, den Aufbau moderner Narrative bereits vorzeichnet, inklusive ihrer Unabgeschlossenheit, A-Moralität und ihrer, nennen wir es so, ihrer Code-Bewusstheit – als das Wissen um die Beziehungen von sozialem Territorium und sprachlichem Ausdruck. Mit anderen Worten, in welchem Abhängigkeitsverhältnis sich die sprachlichen Möglichkeiten des Subjekts von seiner Welt befinden; wie es nur in ihr und durch sie sein kann; was allerdings nicht ausschließt, nie, dass das Subjekt, ein Subjekt, irgendwann die Grenzen dieser Welt zu überwinden vermag.

Vicos Denken ist zyklisch, insofern meint der Begriff Unabgeschlossenheit, dass es in seiner Theorie kein definitives zivilisatorisches Ende gibt, kein überirdisches finis operis, sondern dass es stets von neuem beginnt, jede Zivilisation ihren vorbestimmten Weg nimmt vom naiven Götterglauben zur aufgeklärten Profanität, vom Schreckensregime der Stärksten zur vertragsförmigen Öffentlichkeit gleichgestellter Bürger, sich vom sprachlosen Erschaudern angesichts unverständlicher und unerklärlicher Naturerscheinungen – Blitze, die vom Himmel schießen – zu einem Raum diskursiver, allen zugänglicher Übereinkünfte hinbewegt, zur Vulgata universeller Wissenschaftlichkeit.

Goethe war einer der Ersten, den die Geschichtsauffassung Vicos in ihren Bann gezogen hat, doch ist es nicht allein das Organisch-Zirkuläre, das ihre Attraktivität ausmacht, sondern ebenso die philologische Methode der Herleitung des einen Zeitalters aus dem anderen, eine Art historisierender Etymologie, die frühere Epochen im Sprachgebrauch späterer identifiziert. Immer tragen die Worte bei Vico alte Bedeutungen mit sich, die es zu entschlüsseln gilt, um auf diese Weise etwas über die Vergangenheit zu erfahren. Faulkners Satz, dass die Vergangenheit nicht tot, ja, noch nicht einmal vergangen sei, trifft in hohem Grad auch auf das spekulative Verfahren der *Neuen Wissenschaft*, auf die *Scienza Nuova* des Privatgelehrten aus Neapel zu: Sprachen in Sprachen, die sich über die Zeiten schichten, einander durchdringen, Geschichten erzählen, jedes einzelne Wort im Grunde alles, die ganze Story vom Himmel eines Kronos und Zeus über die Kämpfe mythischer Heroen bis in die Niederungen unseres Alltags, von so elementarer wie beziehungsreicher Semantik, die man, sofern man will, nur lernen muss zu lesen.

Lernen muss zu lesen: »riverrun, past Eve and Adam's, from swerve of shore to bend of bay, brings us by a commodius vicus of recirculation back to Howth Castle and Environs.« Auf derselben Seite des Buches, das mit diesem Satz beginnt, mit dem Kleinbuchstaben des r von »riverrun« – im Mittendrin eines ewigen Kreislaufs sozusagen, dem das Fließen des Flusses hier sinnliche Präsenz verleiht –, auf derselben Seite findet sich ein hundertlettriges Wort (das ich Ihnen jetzt nicht vorlese), ein Wort für Donner, das sich aus den Benennungen, die der Donner in den verschiedensten Sprachen hat, zusammensetzt, unter anderem entdeckt man darin neben dem irischen ›tórnach‹ das schwedische ›åska‹ und das italienische ›tuono‹, das französische ›tonnerre‹ und das japanische ›kaminari‹. Ein knappes Dutzend Donner-Worte, deren Silben über zwei ganze Zeilen hinweg verschliffen und verquickt werden zu etwas radikal Neuem, einem Hyper-Wort, das – wenn man's halblaut liest – sich wie die Naturerscheinung selbst anhört, ein dröhnender, grollender Klang, der zwar jede sprachliche Partikularität aufhebt, sie aber nicht zum Verschwinden bringt. In dem vielmehr beides eingeschlossen ist, Sound und Repräsentation, Stimme und Schrift, ein geniales Gefüge aus Sinnpartikeln, das die Idee reflektiert, es könnte einmal eine Ursprache gegeben haben, eine universale Sprache, die die Synthese aller Sprachen vor ihrer babylonischen Verwirrung gewesen wäre, vor dem

Gebabbel der Gegenwart. Was nun einem Zentralgedanken Vicos *über die gemeinschaftliche Natur der Völker* entspricht, dem Gedanken, dass sie im Prinzip nicht nur alle die gleiche (sprachliche) Herkunft haben, sondern sich ihre zyklische Geschichte auch Episode für Episode ablagert in den spezifischen Worten, die ein jedes ›Volk‹ in einem bestimmten Zeitalter zur Verständigung dann benutzt, auf Spanisch, Deutsch oder Irisch.

Oder eben Englisch, in dem das Buch geschrieben ist, dessen ersten Satz ich zitiert habe und das sich wie kein anderes auf Vico und seinen Masterplan bezieht, in der Struktur wie in der Mutmaßung, ein Ausdruck, ein Begriff, eine Vokabel bedeute grundsätzlich mehr als das, was man an der Oberfläche zu lesen und zu verstehen glaubt, trage beharrlich eine komplette Sprach- und Sinngeschichte mit sich, die in ihrer schier unendlichen Bezüglichkeit aufgedeckt werden könne – wozu im konkreten Fall die Mittel phonetischer Verdichtung, Verschiebung und Schachtelung herangezogen werden, über die ein Titan, ein Riese, auf dessen Schultern wir stehen und rumbalancieren, vollkommen lässig zu verfügen scheint. Denn einen Titanen braucht es dazu, keine Frage, und der, von dem hier die Rede ist, heißt Joyce, und der Roman natürlich *Finnegans Wake*.

Den man weitaus einfacher, als es das notorische Gerücht will, lesen (oder entziffern) lernen kann, wenn man sich mit der nötigen Neugier und dem nötigen Spaß auf seine Voraussetzungen einlässt. Auf die Geschichtsphilosophie Vicos, dessen Name in zahllosen

Variationen über den Text verstreut ist, auf eine dieser Philosophie abgeleitete Zeitvorstellung, die jedwede Linearität aufsprengt, um ein Kontinuum des Jetzt, eines unaufhörlichen *Wake*, zu entwerfen, und selbstverständlich auf die polyglotte, eigentlich glossolalische Art des Umgangs mit den Worten und ihren Vielfachbedeutungen. Schon der erste Satz intoniert das alles in hoher Musikalität, im Fließen des Flusses, dem »riverrun«, Fluss fließ, es fließt der Fluss, an Adam und Eva vorbei (einem Pub und einer gleichnamigen Kirche, wie sich später zeigen wird), »past Eve and Adam's, from swerve of shore to bend of bay«, vom Rund des Strands zur Krümmung der Bucht, »brings us by a commodius vicus of recirculation back to Howth Castle and Environs« – wo das Übersetzen bereits an seine Grenzen stößt, denn man könnte wohl vereinfachend und verkürzend den letzten Teil des Satzes als eine Möglichkeit folgendermaßen wiedergeben: bringt uns auf dem geräumigen, raumgreifenden Weg einer Schlaufe zum Schloss von Howth zurück ins Umland. Jedoch würde man so die im Gleichklang der Silben verborgenen Doppelsinnigkeiten unterschlagen, beispielsweise: »commodius«, hier nur mit einem u statt des lexikalisch korrekten o-u, ist ein römischer Kaiser, »vicus« heißt im Lateinischen sowohl Straße wie Dorf, aber man denkt auch, im Zusammenhang mit »recirculation«, an vicious circle, Teufelskreis, und wird zugleich an den Paten des Romans erinnert, an Vico; wie schon im »riverrun« des allerersten Worts der italienische Dialektausdruck ›riveran‹, ›sie

werden eintreffen‹, mitschwingt. Und so weiter und so
fort auf sechshundert übermütigen, außerordentlich ver-
gnüglichen Seiten. [ex tempore: C. G. Jungs Aufsatz
über den *Ulysses*, die Reaktion von Joyce: »Er scheint
den *Ulysses* von Anfang bis Ende ohne ein Lächeln gelesen zu haben. Das Einzige, was man in solchem Fall
machen kann, ist, sein Getränk zu wechseln.«]

Die Geschichte, die in *Finnegans Wake* erzählt wird,
ein Tag und eine Nacht im Leben eines Kneipenwirts,
seiner Frau Anna Livia Plurabelle und ihrer drei Kin-
der, zusammenfassend paraphrasieren zu wollen, würde
sie – obwohl zu bewerkstelligen – um all das berauben,
was noch da ist und wörtlich (oder buchstäblich) ihren
Vico'schen Kern ausmacht; und vor allem unterschlagen, wie unvergleichlich und wahrscheinlich uneinhol-
bar Joyce hier Prosa in Klang verwandelt hat, wie der
Text strömt und strudelt, wispert und ächzt, sich auf-
schwingt zum Lärm eines krachenden Gewitters, um
an anderer Stelle dann zum rhythmisch verwehenden
Sprechgesang von Waschfrauen zu werden, die sich am
Ufer der Liffey über den neuesten Klatsch verbreiten,
eben schmutzige Wäsche waschen. [ex tempore: Halblaut lesen, nicht durch sein, die *Annotations* von Roland
McHugh, Katapultwirkung.]

So wie im Prinzip das einzelne Wort – in Vicos *Neuer
Wissenschaft* und in Joyce' Schreibpraxis – eine, wenn
nicht die ganze Geschichte auf dem Buckel hat, so sind
die Protagonisten des Romans, der übel beleumundete
Kneipier Humphrey Chimpden Earwicker, seine Frau

Anna und ihre Blagen, ihre Plagen, die Zwillinge Shem und Shaun und die Tochter Isabel, immer mehr als sie selbst, konkrete Figur, darüber hinaus aber auch die Inkarnation aller, die jemals waren wie sie, jemals Gatte waren, jemals Ehefrau, jemals Kind, also alle, die jemals in der Zeit vor ihnen (und in der, die folgt) einen vitalen Aufstieg erfahren haben (oder in Zukunft erfahren werden), einen Fall (nachlassende Kräfte, die müden Knochen) und nun in einer traumverlorenen nächtlichen Stunde das Leben, wie es war und ist und sein wird, Revue passieren sehen. Eine Familie aus Dublin als universelle Everybodies, im fortwährenden »riverrun« menschlicher Existenz, von Adam und Eva bis heute.

Everybodies, denen Joyce' Interesse von Anfang an galt, von den ersten Erzählungen, den *Dubliners*, über das *Portrait des Künstlers als junger Mann* zum *Ulysses*, einem Buch, das vieles von dem, was *Finnegans Wake* literarisch auszeichnet, vorwegnimmt, dabei jedoch die Ebene der Individuation nie verlässt, nichts ähnlich Überpersönliches wie das spätere Werk im Blick hatte. Sondern das in seinen Techniken, etwa des inneren Monologs oder auch schon der Offenlegung jener Mehrfachcodierungen, die den Worten zu eigen sind, entschieden funktional bleibt, das heißt, diese verblüffend neuartigen Techniken noch rückbindet an die traditionell chronologische Romanform mit eigentlich immer identifizierbarem Personal, um, erneut Klaus Reichert, »eine komplette Darstellung mehr oder minder alltäglicher Figuren zu erreichen.«

Das ist von jetzt an das Thema, Darstellung oder Untersuchung des Alltagslebens in der modernen Welt, die Gleichzeitigkeit sehr verschiedener Dinge, »die in mich eingehen und mich verlassen«, die ich wahrnehme und umforme, genau, wie sie das mit mir tun – sei es an einem 11. Januar 2011, sei es am 16. Juni 1904. Wir könnten jedes beliebige Datum wählen, jede beliebige Stadt – Stadt bzw. Großstadt als privilegierter Erfahrungsraum der Moderne – und würden doch zu verwandten Ergebnissen kommen, zu einem durch die Konjunktion ›und‹ gebildeten Kosmos von allem Möglichen, das keinen anderen Zusammenhang mehr zu haben scheint als seine Gegenwart an ein- und demselben Ort. Flackernde Heterogenität, ein »buntscheckiges Gemälde«, wie Nietzsche diesen Eindruck nennt, dessen Teile wir sind, unauflöslich, Mann und Frau von der Straße, im Geschäft, im Bus, in kleinen Mietzimmern oder in Grandhotels.

Das Reale und die Menge, zwei im 19. Jahrhundert als Objekte von Erstaunen, Erschrecken und Studium in die Humanwissenschaften und die Künste eingespeiste Größen, denen fortan gesteigerte, wenn nicht alle Aufmerksamkeit geschenkt wird. Ein ungeschminktes, nicht länger metaphysisch entwertetes oder verdünntes Reales sowie eine in den Termen von Durchschnitt und Querschnitt, sozialer Norm und tolerierbarer (versus nicht tolerierbarer) Abweichung durchleuchtete Menge, in der jedes Individuum einen Rangplatz erhält, der es statistisch beschreibt. Verzifferung und Anonymisierung als wissenschaftliche Strategien, denen eine Feier des Massenhaften auf den Feldern von Politik und Kunst, insbesondere der bildenden Kunst, gegenübersteht. ›The crowd‹ – was sich weniger abfällig als ›Masse‹ anhört, zumindest für deutsche Ohren –, ›the crowd and the man of the crowd‹, das sind Millionen von Dutzendmenschen, die sich aus dem unübersichtlichen Ganzen nur noch herausheben, wenn sie das Irreguläre streift, ein Störfall im System, der die perfekten, scheinbar automatisierten Abläufe durch seinen Auftritt jäh in Frage stellt: Unfall, Verbrechen oder Heldentat – die Trinität der Sensation, die den Alltag, den grauen, für Momente durchbricht und schlagartig erkennen lässt, dass etwas Katastrophisches unter dem Anstrich von Zivilisation und technischen Triumphen lauert, um nicht zu sagen, dass die Katastrophe das verdrängte Andere des modernen Lebens ist oder, deutlicher, dass das moderne Leben selbst für viele Menschen eher einer Katastrophe gleicht als einem verwirklichten Garten Eden.

The Man of the Crowd – so heißt auch, Sie werden es wissen, eine Erzählung Edgar Allan Poes von 1840, in der die Latenz der Katastrophe, eines vom Erzähler erwarteten Verbrechens, das dann doch nicht passiert, zum Thema wird. Ein mögliches Verbrechen, das schon durch Poes Schilderung der Stadt, London, mit ihrem Verkehrsgewühl und den von zahllosen Miserabiles bevölkerten Armenquartieren immer mehr Evidenz gewinnt, ohne dass es schließlich vollzogen würde. Oder noch vollzogen werden müsste. In dieser wie in vielen seiner Erzählungen entwirft Poe in den Figuren von Detektiv, Flaneur, Gesetzesbrecher moderne Prototypen, die, alle drei, die große Menge brauchen wie der politische Verschwörer die Heimlichkeit urbaner Hinterzimmer. In ihren Metiers des Zeittotschlagens, des Schnüffelns und Betrügens (oder Schlimmerem) der pure Widerspruch zum bürgerlichen Ethos von Disziplin und ›ehrlicher‹ Arbeit, sind sie in einer Massengesellschaft aber nicht mehr so ohne weiteres zu rekognoszieren – die äußeren Unterschiede verschwimmen, Milieus vermischen sich, Ersatzmilieus wie die Familie sollen eine biographische, als psychologischer Steckbrief verstandene Identität garantieren, die in der befreienden Auflösung älterer (ständischer) Bindungen verlorengegangen ist.

Öffentlich bleibt jeder anonym, gut getarnt der eine, obwohl er sich gar nicht tarnt, während der andere spezielle (speziell markierte) Orte aufsuchen muss, um jenseits des Privatraums einigermaßen sicher unter seinesgleichen zu sein, in der Kirche, in Vereinen und Kontoren, bei den Genossen der eigenen Gesinnung. Das Draußen hingegen, das sprichwörtlich feindliche Leben, kennt nur Inkognitos, Passanten ohne Namen, die durch eine Welt treiben, die vor verwirrenden Zeichen fast birst. Eine blinkende, tönende Flut medialer Erscheinungen, in der man sich täglich neu zurechtfinden muss, kapieren muss, was bare Münze und was nur windiges Versprechen ist, durch nichts gedeckt als eine attraktive Hülle. Hülle oder Außenseite, von der das

Reale plötzlich jede Menge besitzt, so dass das Dechiffrieren, das Entschlüsseln der oft minimalen Differenzen zwischen fairem Angebot und vorsätzlicher Schwindelei zu einer überlebensnotwendigen Tätigkeit wird.

Außenseite, Oberfläche, Menschenmassen. Seit hundert Jahren die Klassiker eines kulturkonservativen Lamentos, das den Verlust von Privilegien und die Instabilität allen Tauschwerts mit dem Untergang des Abendlandes verwechselt, ruft der Schein einer entfesselten Warenproduktion mitsamt ihren ›demographischen‹ Effekten doch ganz andere Problematiken und Fragen hervor, deren Beantwortung – und das auch schon seit hundert Jahren – den profiliertesten Köpfen zu denken gibt: Fragen nach Originalität und Serialität, nach Subjekt und Objekt, der Rolle des Geldes als Äquivalent, als Maßstab praktisch jeder Beziehung, selbst der Intimsten, wie Fragen nach den Symbolen und persistenten Mythen einer sich ständig verändernden Realität, die auf den ersten Blick so gar nichts Mythisches an sich hat, uns so rechenhaft und reproduzierbar vorkommt wie keine sonst in der Gattungsgeschichte. [ex tempore: ›Eine Odyssee hinter sich haben‹ als stehende familiäre Redewendung.]

Variationen des Tages, die immer auf das Gleiche hinauslaufen und gewohnheitsmäßig in eine weitere Umdrehung »voller Plag', voller Arbeit« einmünden, deren Leerzeiten wenig Trost, dafür aber raffinierte Ablenkungen bieten. Spektakel für die ›crowd‹, indes eine Minderheit, die »happy few«, an die Stendhal folgerichtig seine *Kartause von Parma* adressiert, vermeintlich sublimieren, exklusive Kennerschaft bezeugenden Genüssen frönt. Von denen die Masse nichts versteht, natürlich auch nichts verstehen kann, weil es ihr Charakter nicht erlaubt, andernfalls sie ja nicht mehr Masse, also bildungsresistentes, allein durch seine große Zahl ausgewiesenes ›Volk‹ wäre. Ein dehnbarer Begriff, unter den, je nach Absicht und politischem Standpunkt, sehr Verschiedenes fällt, emanzipatorisches Potential oder lauernde Gefahr, die rund um die Uhr zu überwachen ist, im Alleralltäglichsten nistend, was de facto bedeutet, dass man nie genau weiß, wo man mit der Beobachtung anzufangen hätte und wo ihre sachliche Grenze läge. Woran sich denn halten auf dem Meer der Ähnlichkeiten? In Straßen und Städten voller Jedermänner (und Jederfrauen), einer bezwingenden Totalität aus Zeichen und Dingen und Menschen, die unablässig in Bewegung sind, sich unablässig formieren und re-formieren zu Panoramen in Breitwand und Technicolor. Rauschende Szenerien, in denen man sich leicht – und oft nur zu gern – mit Haut und Haaren verliert.

Konzentrierte Zerstreutheit wird Normalzustand, das Hundertste und das Tausendste so wichtig wie das Hemd, das einem näher als der Rock sein soll. Beim Frühstück die vermischten Meldungen auf der letzten Seite; ein Preisausschreiben, das man gemütlich auf dem Klo liest; danach in die Stadt zu Beerdigung und Saufgelage, zwischendurch ein paar mickrige Geschäfte und eskapistische Träumereien von Dichterruhm oder wenigstens einem kleinen erotischen Abenteuer, am 15. Juni der Brand eines Ausflugsdampfers in New York mit fast 1000 Toten, am 17. Juni die kaltblütige Ermordung des russischen Generalgouverneurs von Finnland – Staatsaktionen neben privaten Kalamitäten, an die man sich eine Woche später schon kaum mehr erinnert.

Zum Beispiel, was am 16. Juni los gewesen ist. Die Ereignisse vom Morgen dieses Tages bis spät in die Nacht in möglichst lückenloser Aufzählung, nicht unbedingt chronologisch, nicht tabellarisch, sondern gefiltert durch ein Bewusstsein, durch ein singuläres Arrangement von Wahrnehmung und Affekt, das gewichtet, sortiert, aufbläst oder verleugnet und eine subjektive Version des 16. entwerfen würde. Die andere subjektive Versionen, andere Arrangements von Wahrnehmung und Affekt, zu ergänzen hätten, um das Ideal der Vollständigkeit wenn schon nicht zu erreichen, so ihm aber doch nahezukommen. Komplementäre, sich manchmal überschneidende, sich manchmal begegnende, manchmal ausschließende Momente von Ereignissen, deren Gesamtheit uns den Tag erzählt. Diesen einen, der in seiner Fülle von Augenblicken, die meist banal und verwechselbar sind, exemplarisch wird durch die Art und Weise, wie das geschieht, die Form seiner Erzählung durch ein erstes, zweites und drittes Bewusstsein hindurch, eine erste, zweite und dritte Person in der Gestalt eines jungen Mannes, eines älteren Mannes und einer Frau, deren ungleiche Gesichtsfelder und Weltbezüge jenen buntscheckigen Kosmos, jenen sprachlichen

Reichtum zwischen high und low entstehen lassen, der unser ganzes Leben ist.

Das Leben an einem Tag. ›In‹ einem Tag. Erzählen, was los gewesen ist, erzählt werden. Mit dem Ziel, dem immer angestrebten, zwangsläufig immer – gerade so – verfehlten Ziel einer »kompletten Darstellung« dessen, was man zu der einen Seite hin einen Subjektivierungsprozess (oder drei davon) und zur anderen hin das Außen nennen könnte, sich spiegelnd und auffächernd in den Bewegungen, im Begehren und Denken einiger Menschen, die für etwa 24 Stunden aus der Anonymität einer großstädtischen Menge herausgehoben werden. Die Namen und Anschrift bekommen, ein Geschlecht, ein Alter, eine Vergangenheit, die ihre Gegenwart, den 16. Juni 1904, kontinuierlich durchsetzt, verschattet oder aufhellt, ohne je zu einer Sache von Gefühligkeit und falscher, weil illusionsbehafteter, im Gestern Halt suchender Innerlichkeit herabzusinken.

Die Namen der drei (Subjekte, Subjektivierungen) lauten: Stephen Dedalus, Molly und Leopold Bloom, letztere wohnhaft in Dublin, Eccles Street Nr. 7 [ex tempore: Das Haus ist abgerissen, da steht heute ein Hospital mit einer Gedenktafel an der Fassade.], während Stephen, ein Nachwuchspoet in seinen Zwanzigern, bei einem Kumpel in einem Wehrturm Unterschlupf gefunden hat, von dessen Brüstung man auf die irische See hinausschaut, »die«, wie es heißt, »rotzgrüne See. Die skrotumzusammenziehende See«. Mag die wilde See, die eine solche Angst-Lust einflößt, mögen die Meere der Welt das angestammte Revier des mythischen Helden sein, von Jason, Odysseus und Sindbad, ist es um 1900 (im Kontext von Industriemaschine und genereller Massenhaftigkeit) nicht mehr die Unendlichkeit der Ozeane, sondern die labyrinthische Endlosigkeit einer Metropole, einer sich ungehindert ausdehnenden, von Reizen jeden Kalibers durchschossenen Stadtlandschaft, die allein noch als Hintergrund epischer Bewährungsproben zu taugen scheint. Sich hier zu verirren und in merkwürdige Abenteuer zu verstricken, bevor man wieder auf den rechten Weg zurückfindet, bedarf zwar einer gewissen Schulung, wie Walter Benjamin in der *Berliner Kindheit* im Kapitel *Tiergarten* schreibt, wird aber zum Regelfall, sofern man die geringste Bereitschaft dazu mitbringt; oder vielleicht ein Glas zu viel getrunken hat; oder allen Keuschheitsgelübden zum Trotz den Verlockungen einer Zauberin erliegt, einer – insbesondere nach einem Glas zu viel – betörenden Circe aus dem lokalen Rotlichtviertel. Oder man fällt, ebenso denkbar, den Schmeicheleien eines Konzertveranstalters namens Blazes Boylan anheim.

Wie Molly es tut, die Gattin Leopolds, deren Liebhaber der parfümierte Boylan ist, was den Annoncenakquisiteur Bloom im Verlauf des Tages, des besagten 16. Juni, ein ums andere Mal in Gedanken umtreiben wird, obwohl er das Gebot der ehelichen Treue auch nicht so genau nimmt. Dass Molly in einem inzwischen weltberühmten Monolog ungeniert von ihrem Verlangen berichtet, also nicht verschweigt, dass es eine weibliche, der männlichen in nichts nachstehende, sie möglicherweise sogar überflügelnde Lust am Sex gibt, war nicht der einzige Skandal, bzw. die einzige skandalöse Passage, die den *Ulysses*, in dem das alles vorkommt, lange Jahre zu einem Fall für Gerichte und Zensurbehörden machte. Als den Roman eines Tages, eines All-Tages, der nichts ausspart oder, der Moral seiner Epoche gehorchend, den Vorhang zieht, wenn es ans Eingemachte, ans Explizite des Lebens geht, an den morgendlichen Gang aufs Klo, an masturbatorische Phantasien, die Schreie einer qualvoll Gebärenden, einen Bordellbesuch. Und wie unausrottbar der Suff Teil der irischen Kultur ist, demonstriert Joyce, der einem guten Tropfen selbst nie abgeneigt war, in einigen überschwänglichen Kneipenszenen, die jedem Temperenzler die Zornesröte ins Gesicht jagen. [ex tempore: Joyce: »Ireland sober means Ireland free«, Stanislaus Joyce über James' Trinkgewohnheiten in *Meines Bruders Hüter*, die Ellmann-Biographie, Anthony Burgess' phantastische Einführung ins Werk, *Joyce für Jedermann*.]

Wahrscheinlich war das Saufen das Wenigste, was Virginia Woolf am *Ulysses*, den sie unter Umständen in ihrer Hogarth Press veröffentlichen wollte, nicht gefiel, als sie nach der Lektüre im Tagebuch urteilte, es habe sich um einen Roman gehandelt, der »von Unanständigkeit nur so strotzte«. Ezra Pound dagegen empfahl in einem Brief, sich den gesetzgebenden Behörden etwas anzupassen, »vielleicht kann später in einer griechischen oder bulgarischen Übersetzung der Originaltext Ihres Buches gedruckt werden«.

Die Anstößigkeit dieses All-Tag-fast-All-Nacht-Buches, auch für jemanden wie Woolf, war aber eine doppelte und lag nicht bloß an seiner Unverblümtheit gegenüber, sagen wir, natürlichen Vorgängen. Obwohl das für die meisten Zeitgenossen schon gereicht hätte, die es als unerträglich empfanden, en détail von Verdauungsschwierigkeiten und voyeuristischen Sexualpraktiken lesen zu müssen – ohne pseudowissenschaftliches Mäntelchen und, was überhaupt nicht zu verzeihen war, ohne den geringsten Anflug von Scham. Nicht beim Autor, nicht bei Molly in ihrer träumerischen Zwiesprache mit sich selbst, um das eklatanteste Beispiel herauszugreifen. Wobei das Direkte, das Neue der Joyce'schen Erzählung die Wirkung potenzierte, denn im *Ulysses* steht zum ersten Mal in der Weltliteratur keine Vermittlungsinstanz mehr zwischen dem Gedankenfluss der Figuren und dem Publikum, sieht man sich ungeschützt all dem ausgesetzt, was Konvention und Neurose nicht wahrhaben wollen, der ganzen Bandbreite menschlicher Leidenschaften und Idiotien, all unseren Versiegenheiten, Perversionen und Sehnsüchten, kurzum, dem nackten Leben.

Die Gegenwart zu schildern, nichts als den Alltag der Zeit in sämtlichen Facetten, Blooms ernüchternden Arbeitsalltag bei der Annoncenakquise wie Stephen Dedalus' – um einiges weniger nüchternen – Alltag in der Dubliner Boheme, und sich dazu des inneren Monologs als eines Instruments größtmöglicher Unmittelbarkeit und Drastik zu bedienen, stellte allein schon einen unerhörten Bruch mit den damals verbindlichen Regularien der Romanform dar, doch Joyce, unermüdlich, trieb die Geschichte weiter. So nimmt der Text, etwa das in der Setzerei von Blooms Zeitung spielende Kapitel, im Schriftbild gelegentlich das Aussehen dessen an, was verhandelt wird – löst sich folglich im Zeitungs-Abschnitt in kleine Artikel mit fettgedruckten Überschriften auf oder in einem anderen in eine Folge von Fragen und quasilexikalischen Antwortblöcken; damit nicht genug, durchläuft die Sprache des *Ulysses* auch noch Metamorphosen vom persiflierten Groschenroman bis zur Verballhornung, zur satirischen Aufbereitung diverser Entwicklungsstufen des Englischen, die wie ein Resonanz-, ein Echoraum funktionieren, in dem sich die Befindlichkeiten, die Launen und Verstörungen der Protagonisten entfalten und widerhallen können, ohne dass hier psychologisiert oder sonst ein Erklärungsmuster, eine moralisierende Weltdeutung, nachgeschoben würde; es Joyce einfiele, für seine Figuren Verständnis zu heischen oder sie zu pathologisieren, sie sind, wie sie sind, und dem hat man sich, Leser wie Autor, zu überlassen.

Was fünfzig Jahre zuvor bei Flaubert, der mit ähnlicher Ungerührtheit, bzw. Unparteilichkeit, seinen Stoff abwickelte, ›Verstoß gegen die guten Sitten‹ hieß, in der Strafsache *Bovary*, wuchs sich nach der Veröffentlichung des *Ulysses* 1920 zum Vorwurf der Obszönität, wahlweise Pornographie, aus, wodurch das Buch Aufmerksamkeit auch in Kreisen gewann, die sich für Literatur eigentlich nicht interessierten. Die sich auf die Suche nach ›Stellen‹ begaben, um dann enttäuscht feststellen zu müssen, dass ›Stellen‹, die eine Investition gelohnt hätten, nicht zu finden waren und sie ihr Geld in Zukunft besser wieder für altbewährte Ware aufsparen, die Romane Rétif de la Bretonnes oder irgendeines anderen Spezialisten aus den Katakomben unterhalb der Ladentheke.

Aber nicht nur Pornokonsumenten fühlten sich von Joyce um einen Lesegenuss betrogen, wie ihn bekannte Rezeptionsgewohnheiten versprachen. Eine Dramatik der Handlung fehlte, ein am Reißbrett entwickelter Plot, der einem befriedigenden, so oder so lehrreichen Ende zugeführt worden wäre, Helden, die die übliche Reihe von Prüfungen zu bestehen gehabt hätten – stattdessen Leute wie du und ich, auf dem Weg zur Arbeit und zurück, in der Schule, im Krankenhaus, am Strand und zu guter Letzt da, wo man halt meistens landet, nächtens, im Bett. Dass Episoden der Odyssee mit Bloom als Odysseus, Stephen Dedalus als Telemach und Molly als Penelope die Vorlage waren für die verschlungenen Wege der beiden Männer durch die Stadt Richtung Ithaka, Eccles Street Nr. 7 (eine bis in ihren Symbolgehalt mit den Buchkapiteln korrespondierende und wie eine Serie von Vexierbildern in ihnen wieder auftauchende Vorlage), erschloss sich auch nicht von allein – obgleich man das gar nicht wissen muss, um den Text als Text zu schätzen. Sich an seiner Sprache berauschen zu können. Exakter: an der Vielfalt seiner Sprachen, die Modi ein und derselben Sprache sind, Ausdruck ihrer Lebendigkeit, der rhetorischen Varietät alles Menschlichen. Das Menschliche überhaupt, reines Werden.

Der Mensch als Fluss seiner Sprache, das Subjekt montiert aus Redeweisen und jenen Sorten von Text, jenen Worten und Sätzen, die zu gegebener Zeit in einem Kopf herumrauschen und sein konkretes Dasein veranschaulichen, es sozusagen lesbar machen durch dieses Material hindurch – das kommt uns heute selbstverständlich vor, war es aber keineswegs in den zwanziger Jahren, weder als narrative Technik noch als poetologisches Programm, das Stile und Tonarten von trivial bis philosophisch, vom gedanklich Abgelegensten bis zur gewöhnlichsten Phrase nicht nur zu zitieren, sondern als autonome Binnenerzählung literaturfähig zu machen verstand. Im Innern eines einzigen Buches, einer modernen metropolitanen Odyssee, die zugleich eine Odyssee der Formen war, eine Reise durch die sprachlichen Strukturen der Gegenwart des 16. Juni 1904: Bibliothek und Gosse, Privatkram und hohe Politik, ärztliche Diagnose und vulgäres Gelaber im Wechsel der Stimmungen, die einen befallen, und der Orte, an die man während eines Tages, dieses Tages, gerät.

In Kauf zu nehmen hat man dabei allerdings die Aufhebung oder Zerstörung der Geschlossenheit des Romans, der einem nun keine ›kontemplative Geborgenheit vorm Gelesenen‹ mehr gestattet, vielmehr die aktive

Mitarbeit des Lesers einfordert, eine – in den Worten des verehrten William Gaddis – »collaboration between the reader and what is on the pages«, also einen Übersetzungsvorgang anstelle des sofortigen Versinkens in der Fabel; ein Versinken zweiter Art, dem es an all den Eskapismen und Ausgedachtheiten fehlt, die das Imaginationstheater einer traditionelleren Lektüre in Bewegung setzen. Zudem verlangsamt die Überfülle an Signifikanten, die riesige Menge gleißender lärmender Zeichen, die hinter jeder großstädtischen Ecke lauern und ein enormes Ablenkungspotential haben, das epische Tempo, so dass ein Realismus des Details, wie er im *Ulysses* bereits zu voller Blüte gebracht wurde, herkömmliche Handlungs- und Spannungsbögen einfach überlagert oder an die Peripherie der Erzählung zu drängen pflegt. Was den Eindruck einer gewissen Statik erzeugt, eines nicht zur Diskussion stehenden Grundgerüsts sozialer und ökonomischer Mechanismen, die sowohl den Alltag, die Gegenwart einer Zeit, strukturieren als auch den Rahmen abgeben, in dem sich Subjektivierungsprozesse vollziehen; einen Erfahrungsrahmen, in dem das Reale (der Dinge) sich auf eine Weise verknüpft und lesbar gemacht werden kann, die keines entwickelteren ›Plots‹ bedarf (wie im *Ulysses* als einem Meisterwerk der klassischen Moderne), weder zur Innenseite der Figuren noch zur Außenseite der Wirklichkeit hin. Als fände die Zahl der Handlungs- und Wahrnehmungsoptionen des Einzelnen in seinen konkreten Bezügen (Annoncenakquisiteur, Poet, Hausfrau) – aller Kontingenz zum Trotz – irgendwo doch ihre Grenze und müsste selbst nicht mehr zum narrativen Gegenstand werden. Prinzipiell vorgezeichnete Bewegungen und Ziele, ein Raum beschränkter Möglichkeiten, dessen Darstellbarkeit nicht darauf angewiesen ist, Zusammenhänge in ihrer potenzierten Zufälligkeit überhaupt erst hervorzubringen. Oder die Frage aufzuwerfen, wo denn welche zu finden seien und ob sie beanspruchen können, zur Aufklärung über bestimmte Zustände beizutragen. Das aber erscheint mir unter den Bedingungen einer postfordistischen Ordnung, einer vermeintlichen Totalmedialisierung der Welt, höchst notwendig zu sein, als Erkenntnishilfe wie als Moment einer zeitgenössischen Poetik, die den globalen Veränderungen der letzten dreißig Jahre Rechnung trägt.

Alles gleich, alles anders, wäre vielleicht die Losung, von der man auszugehen hätte bei einem erneuten Versuch (Versuch in Theorie und Praxis), der Wirklichkeit ›habhaft‹ zu werden, um sie in ihrer Unabweisbarkeit schildern zu können, was heißt: sie sich erzählen zu lassen. Dass eine »komplette Darstellung«, ein mimetisches Abbild, das Vollständigkeit schon in seinem Programm beansprucht, zum Scheitern verurteilt ist, sollte nicht erläutert werden müssen, zu disparat, zu prekär, zu mobil zeigt sich heute jede Realität, die wir für fiktionstauglich halten; die es nichtsdestotrotz fiktional zu bearbeiten und in Literatur, Film, bildende Kunst zu verwandeln gilt, um sie ästhetisch begreifen und loswerden zu lernen. Vielleicht bedeutet ›habhaft werden‹ genau dies – eine absurd vorläufig bleibende, immer vom Verschwinden bedrohte Wirklichkeit sich (wieder) anzueignen, theoretisch und praktisch anzueignen, indem man sie erzählend von sich selber berichten lässt. Ihr eine Geschichte unter so vielen anderen Geschichten gibt. Einen peripheren Anfang mittendrin.

Nicht als unnütze Reanimation einer in der Moderne schlussendlich über Bord gegangenen epischen Prächtigkeit, als Zettelkastenarbeit, die wacklige Gerüste aus Fakten und Figurenhülsen schafft, nicht als repräsentatives Modell und auf keinen Fall mit dem Vorsatz, die Kontingenzen, die Unwägbarkeiten der Welt mit einem seiner selbst gewissen Personal in überschaubaren Plots aushebeln zu können. Noch einmal Sinn zu stiften in mythologischer, politischer oder psychologischer Manier; das Feld in leeren Souveränitätsgesten aufzuräumen. Vor allem nicht, wenn man ernst nimmt, was Deleuze zum Problem der Wahrnehmbarkeit – und folglich Erzählbarkeit – von Subjekt und diffus werdender Gegenwart angemerkt hat: »Es ist die dritte Person, die man analysieren muss. Man spricht, man sieht, man stirbt. Ja, es gibt Subjekte, aber es sind tanzende Partikel im Staub des Sichtbaren und wechselnde Plätze in einem anonymen Gemurmel. Das Subjekt ist immer eine abgeleitete Funktion. Es geht hervor aus der Dichte dessen, was man sagt, was man sieht, und löst sich wieder darin auf.«

Zu wissen, auf welchem Fundament man dabei steht, bei dem Versuch, die Wirklichkeit neuerlich zu erzählen, sollte klar sein. Was als Tradition nicht zu leugnen ist (»Wer die Tradition nicht beherrscht, fällt hinter sie zurück«, Brecht) und doch beiseitegeräumt werden muss, um für das »dauernde Auf und Ab der Dinge«, ein mittlerweile rasend oszillierendes »Auf und Ab«, einen Ausdruck zu finden. Für das anonyme Gemurmel und für Subjekte, die sich ständig verändern »in der Dichte dessen, was man sagt, was man hört«. Die daraus hervorgehen und sich wieder darin auflösen, indes wir sie in der Zwischenzeit beobachten und beschreiben, in der Flüchtigkeit ihrer Erscheinung zwischen einem Nochnicht und einem Nicht-mehr, nachdem auf verwickelte, nicht immer nachvollziehbare Weise unser Interesse an ihnen geweckt worden ist, sie mit einem Mal Bewunderung oder Abscheu erregt haben. In einem von seiner eigenen Beschleunigung konsumierten, in nervöse Fragmente zerfallenden Alltag, als dessen Teilchen sie plötzlich auftauchen, als Möglichkeiten, sie mit anderen Möglichkeiten in Beziehung zu setzen; zu verplotten in dem Bewusstsein, wie fragil und offen, und sich dem Autor, der Autorin, manchmal entziehend, jede narrative Konstruktion ist, die unter dem Druck der Verhältnisse nicht in voluntaristischem Kitsch oder dem Terror der Behaglichkeit enden will. Denn das scheint mir heute eine, wenn nicht die Aufgabe zu sein: die Geschichte als Geschichte zu retten (wiederzufinden), indem man den Verhältnissen ihre eigene Fall- und Zerfallsgeschichte erzählt, weil anders sie zu überwinden nicht in der Macht des Künstlers und der Kunst liegt.

Aber so weit sind wir noch nicht, jedenfalls nicht in der Reihe dieser Vorlesungen. Am Anfang war die Rede von den Affekten, die ein Ereignis, das Verhalten oder die Sprache einer Person auf den Plan rufen, und davon, dass sie flüchtig sind, so flüchtig wie das Phänomen, auf das sie reagieren. Effekte eines Zusammentreffens von Linien, die ruhelos die Gegenwart unserer Körper und unseres Denken durchqueren, aufeinander zulaufen und sich schneiden können oder auseinanderstreben mit der Geschwindigkeit einer Explosion. Und die das bilden, immer neu bilden, was Subjektivität heißt. Was wir so nennen und was erstaunliche Veränderungen erfahren hat, seitdem wir begonnen haben, uns damit, das heißt mit uns selbst, zu beschäftigen. Uns als Menschen zu entwerfen. Dem ein wenig nachzuforschen, bevor es zurückgeht zum Mittendrin eines Beginns, soll unter anderem im Folgenden das Thema sein.

Fährtenleser oder Schuld und Sühne

»Ich misstraue allen Systematikern
und gehe ihnen aus dem Weg.
Der Wille zum System ist ein Mangel
an Rechtschaffenheit.«
Friedrich Nietzsche, *Götzendämmerung*

Zweimal sind es Zeichen im Sand, die zu erheblichen
Spekulationen wie realen Konsequenzen führen. Dabei geht es um Ankunft und Abschied, um etwas praktisch Unerwartetes und etwas theoretisch Schlüssiges.
Gemeinsam ist ihnen, dass es zu Veränderungen kommen wird bzw. soll, aber was in dem einen Fall Schre-
cken, bedeutet im anderen Genugtuung über ein unab-
weisliches, längst notwendiges Ende.

Zweimal Zeichen, die neue Abschnitte einleiten, hier
in einer Lebensgeschichte, dort in der Geschichte des
abendländischen Menschen, das heißt des Begriffs, den
wir uns im Lauf der Zeit von ihm gemacht haben. Ver-
gängliche Zeichen, die fixiert sind als Buchstaben auf
Papier, als Schrift, in der zu lesen ist, was ihre Wahrnehmung – oder ihre Imagination – an Gedanken auslöst,
Räume der Vorstellungskraft. Der erste öffnet sich nach
einer langen Periode der Abgeschiedenheit, der unfreiwilligen Isolation auf einer Insel, die zwar das Über-
lebensnotwendige in Hülle und Fülle bietet – Wasser,

Nahrung, passables subtropisches Klima –, nur eines nicht: menschliche Gesellschaft. Seit fünfzehn Jahren, seit seinem Schiffbruch auf einer Reise von Brasilien nach Afrika ist derjenige, der hier berichtet, allein – mit ein paar Ziegen, einem Papagei und einem Hund. Bis es im November 1674 zu einem Ereignis kommt, das ihn aus seiner Einsamkeit herausreißt und die Verhältnisse, in denen er sich gar nicht so schlecht eingerichtet hatte, wenigstens materiell, völlig ins Wanken bringt. Er notiert: »Eines schönen Tages gegen Mittag, als ich wieder einmal auf dem Weg zu meinem Boot war, versetzte mich am Strand die Spur eines nackten menschlichen Fußes, die sich ganz deutlich im Sand abzeichnete, in allergrößte Bestürzung. Ich stand wie vom Donner gerührt, als ob mir ein Geist erschienen sei.«

»Thunder-struck«, paralysiert, dann befällt ihn ein Gefühl der Panik, »perfectly confus'd and out of my self«, und er hastet zu seiner, Gott sei Dank mit einer Palisade versehenen Behausung zurück, die er drei Tage und Nächte nicht mehr verlässt; sich Horrorszenarios ausmalend, etwa, dass der Teufel persönlich der Insel einen Besuch abgestattet habe oder, noch gefährlicher, Eingeborene vom Festland gegenüber, die widrige Winde, vielleicht ungünstige Strömungen, von ihrem Kurs abgebracht und deshalb hergetrieben hätten. Sie sich als unkriegerisches Volk zu denken, als gastfreundlich oder hilfsbereit, ist ihm nicht möglich, zumal er selbst, zum Zeitpunkt seines Schiffbruchs, als Sklavenhändler unterwegs nach Guinea war, als Einkäufer jener »Savages«, jener Wilden, die, wenn nicht in Ketten, wenn nicht als streng bewachte Arbeiter auf übersee-ischen Plantagen, nur Anlass geben zu den gruseligsten Phantasien.

Nachdem er seine Nerven wieder einigermaßen un-ter Kontrolle hat – was, wie schon gesagt, drei Tage und Nächte dauert –, geht er daran, sich gegen unliebsamen Besuch zu wappnen, er verstärkt die Befestigungen rund um den Wohnplatz, installiert Schießscharten und baut einen neuen, jetzt im Wald versteckten Pferch für seine kleine Ziegenherde. Trotzdem wird er in den nächs-ten Wochen ständig von »Ängsten und Grübeleien« ge-plagt – wie man sich zu verhalten, wie am besten zu verteidigen hätte bei der Landung irgendwelcher »dan-gerous Creature(s)«. Sich zu beruhigen gelingt ihm im-mer dann, wenn er grundsätzliche Betrachtungen über das Wesen der Gattung anstellt, er seine exzeptionelle Lage relativiert am Wissen über menschlichen Wankel-mut und menschliche Flatterhaftigkeit, zum Beispiel in dieser Passage seiner, wie es im Originaltitel heißt, *Strange Surprizing Adventures, Written by Himself*: »Wie werden doch unsere Gefühle von unbekannten Kräf-ten herumgewirbelt, wie ändern sie sich doch je nach den herrschenden Umständen! Heute lieben wir, was wir morgen hassen, heute suchen wir, was wir morgen fliehen, heute sehnen wir uns nach dem, was uns mor-gen Furcht einjagt, ja uns erzittern lässt, wenn wir nur daran denken.«

Unbekannte Kräfte, herrschende Umstände – stets

ist es ein Anderes, das uns beeinflusst oder dem wir erliegen. Es kostet Kraft, bei sich zu bleiben, im Sinn einer Kontinuität, die das verführerische »Auf und Ab der Dinge« zugunsten einer längerfristigen Planung zu ignorieren (oder zu integrieren) versteht; sowohl auf der Ebene subjektiver Befindlichkeiten wie auf der gesellschaftlicher Prozesse, von sozialer Macht und diese Macht sichernden politischen Institutionen, die ohne eine bestimmte Form der Rationalität, eines die Affekte überwindenden Kalküls, keine Aussicht auf Bestand haben. So wird in der Neuzeit die Beherrschung des eigenen Körpers zum Legitimationsakt von Herrschaft überhaupt, nicht zuletzt bedeutet Aufklärung auch, eine vertiefte Kenntnis der Mechanismen zu erlangen, die Leidenschaften hervorrufen können bzw. zu dämpfen vermögen. Dass jemand Instinkte besitzt, rohe, und gleichzeitig unfähig ist, sie zu kontrollieren (oder zumindest zu verbergen), fällt mit dem Aufkommen einer spezifischen bürgerlichen Moral fast schon in eins, der geringste Verlust von Kontrolle – zumeist in Sachen Sexualität und Alkohol – weist immer auf fragwürdige Herkunft und mangelnde Eignung hin, sei es fürs Geschäft, sei es für Ämter und andere Repräsentationsfunktionen. Selbst – oder gerade – das Private bleibt davon nicht ausgespart, zugespitzt formuliert: Erst die Triebdisziplin im Privatbereich qualifiziert den Menschen für Höheres, erst dann, wenn man sich auch ohne überwachenden Blick von außen keine ›sittlichen Verfehlungen‹ und Erregungen, keine emotiven

Blackouts mehr gestattet, hat man jene Stufe der Zivilisiertheit erstiegen, mit der sich Vorrechte begründen und klare Trennungslinien ziehen lassen. Beklagenswert, aber prinzipiell nicht zu retten, sind alle weiter unten in der gesellschaftlichen Hierarchie, denunziert als willensschwache Pauper, die von Begierden und diversen Süchten zerrüttet werden – was Hogarth im frühen 18. Jahrhundert auf seinen didaktischen Kupferstichen mustergültig zur Anschauung gebracht hat. [ex tempore: Bis heute, insbesondere in angelsächsischen (protestantischen) Ländern, verzeiht die Öffentlichkeit dem Mächtigen nichts weniger als ein Defizit an, nennen wir es mal, geschlechtlicher Zucht, angefangen beim präsidialen Quickie mit einer Praktikantin über die zahllosen Sexskandale britischer Politiker bis hin zum finnischen Außenminister, der zurücktreten muss, weil er ein paar verliebte SMS an eine Stripperin gesendet hat.]

Ein Prachtexemplar dieser Spezies, deren heimatlich-familiärer Mäßigungsimperativ oft verschränkt ist mit einer enormen Skrupellosigkeit gegenüber auszubeutenden Kontinenten und Populationen in der Ferne, einer dieser An-sich-Halter und Landgewinner begegnet uns nun in seiner ganzen Nüchternheit in den *Strange Surprizing Adventures*, dem Leser in extenso schildernd, wie er den widrigen Bedingungen seines Einsiedlerlebens die Stirn bietet und sich nie, von keiner Bedrängnis, von keiner der vielen ungeahnten Schwierigkeiten den Mut rauben lässt. Letzter und erster Mensch in einem, unterwirft er sich dabei in jedem Moment der Herrschaft eines Affektregimes, das angesichts großer Gefahren wohl einmal aussetzen kann und den Autor »perfectly confus'd« macht, »out of my self«, dann jedoch wieder zuschnappt wie ein Fangeisen des Unbewussten. Nicht Konfusion, sondern die tadellos gelungene Verinnerlichung eines moralischen Gebots dominiert seinen insulären Alltag, ein Standard der Selbstkontrolle, den – nachhaltig – zu etablieren ein Prozess war, der sich in den damals avanciertesten Gemeinwesen Europas, in England, Holland und Frankreich, über Jahrzehnte, wenn nicht Jahrhunderte hingezogen hatte, bzw. noch hinzog zur Zeit der Niederschrift der *Adventures*. [ex tempore: Verwiesen sei auf die Arbeiten Norbert Elias' u. Johan Huizingas, Rudolf zur Lippe: *Naturbeherrschung am Menschen*, Erik Grawert-May: *Über Polizei- und Liebeskunst*.]

Eine Politik des Körpers, des Unsichtbar-Werdens, der Abspaltung dessen, was in den Epochen zuvor als nicht zu unterdrückende Bedürfnisäußerung quasi naturhaft ein Teil der Welt war, was die Welt – die Welt des späten Mittelalters etwa – täglich in Augenschein nahm, ohne sich weiter daran zu stören; sich davon über die Maßen belästigt zu fühlen, wie wir es tun, wie bürgerliche Spitzenschichten zu Lebzeiten eines Pepys, eines Spinoza oder eines Herzogs Saint-Simon es bereits taten, wenn öffentlich zur Schau gestellt wird, was dort auf keinen Fall mehr hingehört. Verbannung ist das Stichwort, das Problem ist der Körper und seine Funktionen, die man sorgsam scheidet in zu befördernde und einzuhegende, so dass sich eine Heimlichkeit auszubreiten beginnt, deren Rückseite Bigotterie und Psychoanalyse sind. Letztere zwar erheblich später, aber auf derselben Grundlage, einem Begriff von Schuld, der ursprünglich mit jener Tabuisierung zusammenhängt, von Freud als Ur-Verdrängung bezeichnet, obwohl sie nichts anderes ist als eine gesellschaftliche Verabredung, eine soziale Praxis mit machtstrategischem Inhalt. Sich selbst in manchen Zuständen und Beschaffenheiten nicht ertragen zu können muss auch erst gelernt sein, von der Sauberkeit bis zur Scham, ein Drill, der Wirkung zeigt, wie es uns der Mann auf der Insel freimütig gesteht: »Obgleich die Hitze wirklich so groß war, dass man überhaupt keine Kleider gebraucht hätte, konnte ich doch nicht ganz nackt herumlaufen. Selbst wenn ich es gern getan hätte, was nicht zutraf, wäre mir ein solcher Gedanke, obgleich ich doch ganz allein lebte, unerträglich gewesen.«

Der Konjunktiv reicht hier nicht, er muss es auch noch einmal entschieden verneinen: Es trifft nicht zu, dass man es gern tut, nackt herumlaufen, schon die bloße Vorstellung, unbekleidet überrascht, das heißt gesehen zu werden, und sei es von einem selbst, bedeutet für jemanden wie ihn die höchste Pein. Für einen mittlerweile verwandelten Menschen, in dessen Biographie, *Written by Himself*, nichts darauf hinweist, dass er sich, abgeschlossen von der Welt, zu einem vorbildlichen Sozialcharakter entwickeln würde. Jedenfalls nichts von dem, was er vor seinem Schiffbruch trieb, inwiefern die

Metapher des Schiffbruchs, des Schiffbruch-Erleidens, als Kulminations- und dann Wendepunkt äußerst angemessen erscheint, als von der Natur erzwungener Kurswechsel in einem Abenteurerleben, das sich kühn aufs offene Meer hinausgewagt hatte, statt im sicheren Hafen des englischen Provinzbürgertums, an einem prädestinierten Ankerplatz, die Tage unaufgeregt an sich vorbeistreichen zu lassen.

Es fehlte nicht an Warnungen und guten Ratschlägen, aber der Drang, zur See zu fahren – der Erzähler spricht von einer »Schicksalsbestimmung« –, war einfach stärker. Kurz vor seinem neunzehnten Geburtstag dem Elternhaus und einem Leben als Jurist entlaufen, gerät er schon auf seiner ersten Fahrt (von Hull nach London) in einen schweren Sturm, der die Besatzung zur Preisgabe des Schiffes zwingt – aufkeimende Zweifel an der Entscheidung, sich den Zumutungen eines geordneten Lebens zu entziehen, hatte er vorher in bewährter Manier beiseitegeräumt: »Wir machten es wie alle Seeleute. Bald stand der Punsch auf dem Tisch, und ich wurde betrunken. Und in der Gottlosigkeit dieser einen Nacht ersäufte ich alle meine Reuegefühle, all meine Gedanken über die Vergangenheit und meine Vorsätze für die Zukunft.«

Robinson Kreutznaer, wie er nach seinem aus Bremen eingewanderten Vater eigentlich heißt, bevor »the usual Corruption of Words in England« den Namen Kreutznaer in Crusoe verwandelt, Robinson Crusoe also – von dem natürlich die ganze Zeit bereits die

Rede ist – legt nach dieser ersten Havarie eine bemerkenswerte Karriere hin, die man zu Recht auch als fortdauernde Fluchtbewegung charakterisieren könnte, im engeren wie in einem erweiterten Sinn des Wortes: Flucht; das in beiden Gebrauchsweisen nicht negativ zu verstehen ist, als Feigheit oder Drückebergerei, sondern frei von jeder Taxierung zum einen das Verlassen von Umständen bezeichnen soll, die man – aus welchen Gründen auch immer – als bedrückend erfahren hat, und darüber hinaus, in einer Intensitätsdimension, eine Grenzen und Beschränkungen aller Art niederreißende Deterritorialisierungslinie meint, die gänzlich neue, wahrhaft umstürzlerische Kombinationen von Dingen, Affekten, Wahrnehmungen und Gedanken ermöglichen kann.*

»Schicksalsbestimmung« nennt es Robinson, und in der Tat, es muss schon etwas Außerirdisches sein, das einen dazu bringt, der Sekurität des Bürgertums ohne reales Motiv – ein Betrug, eine unverzeihliche Mesalliance – den Rücken zu kehren, einen Auslöser, der nach-

---

* Zu dem Thema schreibt Maurice Blanchot in *L'Amitié*, zitiert nach G. Deleuze / F. Guattari, *Anti-Ödipus*, S. 441: »Mut besteht gleichwohl eher darin, die Flucht zu akzeptieren, als seelenruhig und scheinheilig in falschen Refugien zu leben. Die Werte, Moralen, Vaterländer, Religionen und diese privaten Gewissheiten, die unsere Eitelkeit und Selbstgefälligkeit uns freigebig zugestehen, stellen ebenso viele trügerische Orte dar, die die Welt jenen einrichtet, die derart wähnen, im Kreise solcher beständiger Dinge sicher und in Ruhe gelassen zu sein.«

vollziehbar wäre für einen erfolgreichen Kaufmann wie den alten Kreutznaer-Crusoe, der nicht müde wird, seinem Sohn die Vorzüge ihres Standes, des »middle State«, aufzuzählen: »Denn dieser kenne nicht das Elend, die Mühsal, die Sorgen und die Quälerei des arbeitenden Volkes, aber auch nicht den Hochmut, das Wohlleben, den Ehrgeiz und die Missgunst der Oberschicht. (…) Keine körperlichen oder geistigen Anstrengungen, kein Frondienst ums tägliche Brot, keine plötzlichen Schwierigkeiten (…) stünden drohend vor einem, nervenzerrüttender Hass oder heimlicher Ehrgeiz nach großen Taten seien unbekannte Gefühle. Nein, angenehm (…) gleite man durchs Leben und genieße mit offenen Sinnen die Süße des Daseins, ohne dessen Bitterkeit kosten zu müssen.«

Wie wenig attraktiv ein solches Credo – keine geistigen Anstrengungen, kein Ehrgeiz nach großen Taten – in den Ohren eines erlebnishungrigen Sprösslings klingt, davon schien Crusoe senior, wie alle Väter, die ihm noch folgen werden, nicht den blassesten Schimmer zu haben, sein Horizont endete am Rand seines Auftragsbuchs, Wechsel auf eine ungewisse Zukunft waren ihm suspekt; vielmehr stellte, und nicht nur für ihn, ein mittleres Leben mit mittleren Affekten und mittlerem Vermögen in einem von Strenggläubigkeit und Klassenbewusstsein imprägnierten Körper das einzige Existenzziel dar (›das höchste der Gefühle‹, wie man im Rheinland sagt), Maximum und Minimum zugleich, die Teleologie des gesunden Menschenverstands, dessen

Feindschaft zu jeder Form des Extrems das – sperrangel-weit geöffnete – Einfallstor ist für Riten der Unterwer-fung und ein angstbesetztes Paktieren immer mit dem, der gerade die Macht hat. [ex tempore: Roland Barthes, aufs 20. Jahrhundert gemünzt: »Der gesunde Menschen-verstand stellt die aggressivste Seite des kleinbürger-lichen Klassenbewusstseins dar.«]

Inzwischen nicht mehr als einer der dümmsten, weil durchschaubarsten Gemeinplätze der politischen Rede, dass nämlich Freiheit ohne Risiko nicht zu haben sei, geht Robinson wirklich immense Risiken ein, um ein ungebundenes Leben zu führen, jenseits des »middle State« mit seinen physischen Zurichtungen und sei-ner duckmäuserischen Vorhersehbarkeit; geschichtslos, bzw. geschichtsvergessen, vor sich hin dümpelnd in der programmatischen Borniertheit, alles solle so bleiben, wie es nie gewesen ist. Robinson entflieht, zuerst den Verhältnissen, in die er hineingeboren wurde, dann – und jetzt sind wir schon mitten im Plot von, ich zi-tiere den barocken Titel einmal vollständig, *THE LIFE AND STRANGE SURPRIZING ADVENTURES OF ROBINSON CRUSOE, OF YORK, MARINER: Who lived Eight and Twenty Years, all alone in an un-inhabit-ed Island on the Coast of AMERICA, near the Mouth of the Great River of OROONOQUE; Having been cast on Shore by Shipwreck, wherein all the Men perished but himself. WITH An Account how he was at last as stran-gely deliver'd by PYRATES. Written by Himself.* – dann entkommt er nach zwei Jahren der Gefangenschaft einem türkischen Korsaren, der im Mittelmeer sein Schiff gekapert hatte, um schließlich (von Brasilien aus, wo er zum Plantagenbesitzer geworden war) jene Reise anzutreten, die ihn für achtundzwanzig Jahre aus der Welt katapultieren und berühmt machen würde. [ex tempore: Der gigantische Erfolg des Buches, die nicht barocke Sprache, ohne Ornament u. antikisierende Rhetorik, ›moderne‹ Syntax, im Gegensatz zum *Simplicissimus*, 1668 vs. 1719, 1. bürgerlicher Roman, frei von Epitheta-Zierrat und höfischen Charakteren.]

»Ich ließ mich eben hinreißen«, erklärt Robinson später, »und folgte blindlings nicht dem Gebot der Vernunft, sondern den Traumbildern meiner Phantasie.« Aufs neue, möchte man hinzufügen, ein abrupter Aufbruch, der zu seinem letzten wird, finaler Akt in einer ganzen Serie von Überschreitungen, die mit der Flucht aus dem Elternhaus beginnt, aus einem traumlosen, wunschlosen Leben, dessen Enge das väterliche Gesetz absteckt; ein strenger Normenkatalog in Sachen Moral und Ökonomie als Vorlage oder als Rahmen jeglicher Subjekt-Werdung, Disziplinarinstrument wie nicht minder Gütesiegel, das sozialen Segmentierungen, der Anhäufung von Reichtümern qua Privateigentum, die innere (intrapsychische) Beglaubigung verleiht. Immer auch gegen die teils reale, teils halluzinierte Zügellosigkeit des Adels (oder des Volkes) gerichtet, haben wir es mit Praktiken des Körpers und der Seele zu tun, die unablässig trainiert und verbessert werden, um dem Individuum die Codes einer bürgerlichen Existenz

einzupflanzen, es mit einem psychischen Apparat auszu-
statten, den weder Höfling noch Plebejer besitzen: in-
ternalisierte Selbst-Überwachung als Leiden und Privi-
leg, als Abschottung gegen die eigene Affektivität und
mächtige Basis eines verallgemeinerten Herrschaftsan-
spruchs, der seit dem 17. Jahrhundert mit seiner getak-
teten Zeit und seinem Räderwerk aus Arbeit und Bedürfnisverzicht alle westlichen Gesellschaften bis fast in
alle ihre Winkel durchdringt.

Sich dem nicht einfügen zu können oder wollen, obwohl man kein schlechtes Herkunfts-Los gezogen hat,
kein Mann von »desperate Fortune« ist, das muss dann
schon eine andere Art »Schicksalsbestimmung« sein,
bzw., wie Robinson seine Fluchten retrospektiv zu begründen versucht, muss in einer »halsstarrigen, geradezu
verrückten Neigung zu einem unsteten Wanderleben«
wurzeln. Dabei bleibt ihm verborgen, das heißt, ihm
fehlt noch der Begriff, dass es sich nicht um »Schick-
sals-«, sondern um Selbstbestimmung handelt, die unter den obwaltenden Bedingungen nur zu haben ist, indem man sich verdünnisiert, sich auf die Socken macht
als Seemann oder Vagabund. Und Robinson hätte wohl
nichts bereut – immerhin betrieb er in Brasilien eine
florierende Tabakplantage –, wäre er nicht auf der Insel gelandet, seine Lebensweise, seine Fahrten, hätten
ihm (und potentiellen Nachahmern) eher als perfekte
Strategie denn als abschreckendes Beispiel gegolten.
Im Rückblick seiner Aufzeichnungen abschreckend in
zweierlei Hinsicht, einmal durch seinen initialen Unge-

horsam gegenüber dem Vater, aus dem sich alles Weitere bis zum Schiffbruch ableiten lässt, ein unentwegtes Verstoßen gegen (früh-)bürgerliche Sittsam- und Sesshaftigkeit, und dann, weil der Zweck dieser letzten, dieser fatalen Reise ein vorsätzlich illegaler war: der Schmuggel von Sklaven für sich und seine Plantagenkollegen nach Südamerika, um die Abgaben, die die Könige von Portugal und Spanien auf den Sklavenimport erhoben, nicht bezahlen zu müssen – also der Versuch einer massiven Steuerhinterziehung. [ex tempore: Robinson als homo oeconomicus, als verwegener Entrepreneur in der Phase ursprünglicher Akkumulation, der couragiert seine Chance sucht: » (…) und das nur um eines tollen und maßlosen Verlangens willen, schneller in die Höhe zu kommen, als es die Umstände erlaubten.«]

Da hockt er nun im Oktober 1659 auf einer verlassenen Karibikinsel, allein mit sich und den Dingen, den Werkzeugen, dem Segeltuch, Waffen und Pulver, die er mühsam aus dem Wrack geborgen hat, Zeit en masse, über sein Leben nachzudenken und seine Reflexionen in einem akribisch datierten Tagebuch festzuhalten – bis ihm irgendwann die Tinte ausgeht. Was fehlt, ergänzt er später, unter der Federführung Daniel Defoes – Unternehmer, Journalist und mehrfacher Bankrotteur –, zu dessen erstem Roman die *Strange Surprizing Adventures of Robinson Crusoe* werden, geschrieben von ihm selbst. [ex tempore: Im Alter von 59 Jahren geschrieben, nach dem realen Fall des Alexander Selkirk, Sprachverlust nach 4 Jahren Insel.]

Ein verlorener, am Rand der Welt gestrandeter Sohn, der nie ein Projekt als unkalkulierbar oder zu gefährlich von sich gewiesen hatte, die ihm anempfohlene goldene Mittellage stets meidend wie der Teufel das Weihwasser. Hauptsache, er kam fort, sein Leitprinzip war: Bewegung, der unbegrenzte volle Körper der Erde das abenteuerliche Territorium, das er nach allen Seiten hin durchstreifte. Natürlich riskant, aber ohne Wagnisse und ohne Wagemut ist (auch heute) das Andere nicht zu haben, die Differenz, statt jener endlosen Wiederholung des Immergleichen, vor der man, hat man noch alle fünf Sinne beisammen, nur weglaufen kann. Vor den falschen Refugien (Blanchot) der Vaterländer und Religionen, die lediglich eine Sicherheit garantieren, die ausschließt, verhindert, beklemmt, und nichts weniger anstrebt als den freien Menschen, eine Subjektivität, die mehr wäre als das Taumeln zwischen vorauseilender Reue und uneingestandenem Begehren.

»Reue ist Trauer (Unlust, der Übergang des Menschen von größerer zu geringerer Vollkommenheit)«, definiert Spinoza in seiner *Ethik*, »begleitet von der Idee einer Tat, die wir aus freiem Entschluss des Geistes getan zu haben glauben«, und ein trauriges Bild von sich liefert uns der in üppigster karibischer Vegetation bald bereuende Robinson, zerknirscht berichtet er davon, wie ihn seine Vergangenheit, in der »über Gefahren (…) nur gelacht und der Tod nicht (…) ernst genommen (wurde)«, mit Macht einholt: »Viele Monate lang bedrückte mich (…) die Erinnerung an mein wüstes rohes Leben schrecklich.« Über Gefahren zu lachen und den Tod nicht ernst zu nehmen, insbesondere nicht unterm Gesichtspunkt einer Transzendenz, deren Wesen die Drohung ist (Was sonst?), Strafandrohung für jeden Ausdruck von Auflehnung gegen paternalistische Setzungen – das allerdings verkneift er sich jetzt wie eine alte Betschwester, die alles, was sie nicht vermag und sich nie getraut hat, als glaubensstarke Leistung ausgibt. Oder den Mangel zum Vorzug erhebt, ihn gleichsam nobilitiert als zwar unfreiwilligen, aber dennoch würdigen Verzicht. Dem dann einiges abzugewinnen ist, wenn man aus einer Beobachterposition weit oben im Himmel auf sich herabblickt, Originalton Robinson: »Hier (gestrandet und allein) war ich den Verruchtheiten der Welt entrückt (remov'd), für mich existierte weder die Fleischeslust noch die Augenlust oder die Eitelkeit des Lebens« – was sich im Englischen als »Lust of the Flesh, Lust of the Eye, the Pride of Life« ein wenig deutlicher anhört.

Selige Insel – kann man da nur sagen –, die einen vor solchen Anfechtungen bewahrt [ex tempore: Sex spielt im Roman kaum eine Rolle, Crusoe als geschlechtsloses Wesen, im Unterschied zu Moll Flanders in den *Fortunes and Misfortunes of the Famous Moll Flanders*, 1722.], wie sie, die Insel-Isolation, andererseits als ideale Bühne taugt für die Rekonstruktion von Attributen und Verhaltensweisen, an denen es Robinson bislang offenkundig fehlte, inklusive eines religiösen Gefühls, dem er nun auf die Sprünge hilft durch »eine regelmäßige Beschäftigung mit Gottes Wort« – das heißt durch die Lektüre einer dito geretteten Bibel, die ihm die verdrehte, doch trostspendende Erkenntnis beschert, dass »die Erlösung von der Sündenschuld eine viel größere Gnade bedeutet als die Befreiung aus irgendeiner Notlage.«

Dem Kampf ums materielle Überleben gesellt sich so ein moralischer Kampf zu, ein büßendes Ringen ums eigene Seelenheil, dessen sträfliche Vernachlässigung in den »wüsten rohen« Jahren der Weltenbummelei die aktuelle Misere – in Robinsons Augen unumgänglich – heraufbeschworen hat; wobei sich Seelenheil und Gehorsam mit hoher Notwendigkeit decken, dieses nur zu restituieren ist, indem man sich jenes endlich befleißigt, also sich aufrafft, die vom Vater gepredigten Ordnungsschemata mitsamt ihren Freiheits-Beschneidungen ohne Widerrede (die Flucht als praktischer Protest) zu adoptieren. Die spirituelle Sorge um sich, die Arbeit am persönlichen Glauben zur Tilgung des Sündenkontos und die (wenn auch verspätete) Eingliederung (oder Rücküberweisung) in den gelobten Mittelstand sind folglich nicht voneinander zu trennen, sind zwei Seiten derselben ideologischen Medaille, deren Wert sich, bis in unsere jüngste Vergangenheit, danach bemisst, ob und wie sich genuin gesellschaftliche Forderungen und Zwänge als scheinbar naturhafte Automatismen im Einzelnen verankert haben – sei es Gottgefälligkeit, Fleiß um des Fleißes willen, seien es die Rhythmen der Fabrik, es sind Zäsuren der Wunschproduktion durch die Institute einer niemals ruhenden, aufs plane Funktionieren ausgerichteten Vernunft, die alle menschlichen Vermögen degradiert zum Stoff von Kostenrechnungen und schrankenlosem Anpassungsgeschick.

Insofern lässt sich Robinsons Überleben (oder Weiterleben) als doppelte Re-Integration verstehen, zurück ins Gefüge des Glaubens und in das Wertesystem der »middle Station of Mankind«, nach und nach kommt er wieder zu sich als der, der er von Geburt an sein sollte, Repräsentant eines Modells von Seele, das den Körper in strikter Gefangenschaft hält. Das ihn festlegt und dressiert, pflegt und optimiert, ihm Achsen und Hierarchien einzieht, ein Oben und Unten, ein Innen und Außen, zwischen denen es – in Theorie und Praxis – kaum mehr überwindliche Hürden gibt. Methoden der Verheimlichung, des Ausschlusses und Methoden der genauesten Klassifikation beginnen im Alltag des 17./18. Jahrhunderts subtil ineinanderzugreifen, ein perspektivisch koordinierender Blick wird zum Ausweis von Verfügungsgewalt, mag es sich um den Blick des Manufakturisten auf seine Arbeiter handeln oder um den skeptischen Blick auf sich selbst; Prozeduren einer politischen Anatomie, für die in Abwandlung des prominenten Satzes von Descartes zu gelten hätte: Ich kontrolliere mich, also bin ich, oder: Ich kontrolliere die Bewegungen der anderen und füge sie in meinem Auge zu einer sinnvollen Einheit zusammen, also herrsche ich. [ex tempore: Der Spiegelsaal von Versailles als luxuriöser Ausdruck dieses Überwachungsdispositivs.]

Zu sich kommen, Subjekt werden, ein bestimmtes Subjekt, eines, das dem – um einen modernen Un-Begriff zu gebrauchen – ›Anforderungsprofil‹ des englischen Bürgertums genügt, das ist harte Arbeit, die den ganzen Mann erfordert. Von morgens bis abends, als ginge es darum, Rainer Werner Fassbinders Parole: »Schlafen kann ich, wenn ich tot bin« verquererweise in die Tat umzusetzen. Was jetzt unfair und eigentlich auch nicht richtig ist, denn Robinson erlaubt sich sogar ein Mittagsschläfchen, und zwar pünktlich jeden Tag von zwölf bis zwei, mit der Begründung, dass man um die Mittagsstunde wegen des hohen Sonnenstandes sowieso nicht tätig sein könne. Eine Begründung, die eher eine Entschuldigung darstellt, eingedenk des Sprichworts vom Müßiggang als aller Laster Anfang. Wer es noch nicht kapiert hatte, wird von Robinson informiert, das Schuldprinzip verlangt Rechtfertigungen, eine zu viel immer besser als eine zu wenig: »Auch wenn ich dem Leser nicht jede Einzelheit der Arbeiten dieses Jahres geschildert habe (sein zweites auf der Insel), so wird man im Allgemeinen doch feststellen können, dass ich sehr selten müßig war (That I was very seldom idle). Entsprechend den verschiedenen Aufgaben, hatte ich meine Zeit genau eingeteilt.« Wonach – und das wiederholt sich im Text – er in beinah tabellarischer Reihenfolge Beginn, Dauer und Art der Beschäftigung aufzählt, als Erstes »meine Pflicht gegenüber Gott, Reading the Scriptures, wofür ich dreimal täglich eine feste Uhrzeit ansetzte«. Es folgen drei

Stunden Jagd, dann Hausarbeit bis um elf, Essen, zwei Stunden Mittagspause usw. usf.

Ein Mönchsleben – könnte man sagen – mit einer ausgefeilten Ordensregel, die den Tagesablauf ums Gebet, um den ›geistlichen Dienst‹ herum arrangiert in einer sorgfältigen Zergliederung des Zeitkontinuums, die keine Freiräume lässt für Unnützes, Unzweckmäßiges, Ablenkung. Als befände er sich in einem Konkurrenzverhältnis zu anderen Robinsonen, anderen Schiffbrüchigen auf anderen Inseln, die um die effektivste Strukturierung dessen, was ihnen im Überfluss zur Verfügung steht, wetteifern würden. Zeit ohne Ende, und zugleich eine Bewirtschaftung der Zeit, eine Parzellierung, die Frederick Winslow Taylors Ideen von Scientific Management und Industrial Engineering vorwegzunehmen scheint: Robinson in seiner Einsamkeit als unternehmerischer Prototyp, der, mangels zu bezahlender Arbeitskräfte, sich selbst taylorisiert, die eigene Person einem Zeitdiktat unterwirft, wie es sonst nur abhängig Beschäftigte zu erdulden haben; plus Bibelstudium, das – aus ökonomischen Gründen – in Manufakturen und Fabriken aber (meistens) entfällt, auch damals schon.

Ein Leben nach Plan, ein durchgestaltetes Leben, das dem Leben der Verausgabung, des Unterwegs-Seins und der unbewussten (freilich nicht kranken) Impulse einen Riegel vorschiebt, es als anekdotisches Material verschließt, um zu den Basics zurückzukehren, zum Kalkulieren, zum Abwägen, zur Relation von Aufwand und

Ertrag – so, wie es sich für einen Kaufmann gehört. Für den Sohn eines Kaufmanns [ex tempore: Ich bin auch einer, Devisen meines Vaters waren: ›In der Ruhe liegt die Kraft‹ und ›Ist der Handel noch so klein, er bringt stets mehr als Arbeit ein.‹], der nach dem Bau einer zu großen Piroge, die er allein nicht ins Wasser ziehen kann, das Elementargesetz jeder wirtschaftlichen Betätigung lernt, das heißt jeder Aktivität, die sich gegenständlich auszahlen soll, die Religion des Geschäfts: »Zu spät sah ich ein, wie töricht es ist, ein Werk zu beginnen, ohne zuvor die Kosten berechnet und genau geprüft zu haben, ob die Kräfte dafür auch ausreichen.« »This griev'd me heartily«, schreibt er, betrübte ihn herzlich, wie meinen Vater die Insolvenz eines zuverlässigen Lieferanten.

Ob er mit mir zufrieden gewesen wäre, mein Vater, kann ich nur vermuten, abzüglich einiger Lebensabschnitte, leider gar nicht so kurzer, die man als haltloses Herumirren bezeichnen müsste. Aber das ist schon eine Wertung, haltlos, irren, die der Sache (wie bei Robinson) nicht gerecht wird, doch beweist sie meine eigene, lange mit den falschen Mitteln befehdete Bürgerlichkeit, zumindest in diesem oder jenem ihrer Aspekte. Familienoberhaupt bin ich jedenfalls nicht geworden, im Unterschied zu Robinson, dem es gelingt, bei Tisch als Paterfamilias und Majestät zu fungieren: »Da war (…) der Fürst und Gebieter der Insel (also er, umringt von seinen tierischen Genossen). Ich hatte die Leben aller meiner Untertanen absolut in meiner Hand: ich konnte hängen, vierteilen, die Freiheit schenken oder nehmen, und nicht ein einziger Rebell befand sich unter meinen Untertanen (...). Nur Poll, meinem Günstling, war das Sprechen erlaubt.«

Poll ist Robinsons Papagei, was den Umstand, dass für »Untertan« im Englischen »Subject« steht, ins angemessene Licht rückt, das Subjekt als unterworfenes plappert nach, was ihm sein Herr, an dieser Stelle: sein Herrchen, vorsagt, das herrschende Subjekt als Instanz der Unterwerfung erteilt nach Gutdünken das Wort, um zu hören, was ihm zu hören behagt. Wobei es geflissentlich vertuscht oder verdrängt, selbst Untertan zu sein, seine Souveränität im Privaten, im Familiaren, kein politisches Äquivalent hat. Außer es ist völlig allein, wie auf einer unbewohnten Insel, so dass die Metapher (oder eher das Phantasma) vom Vater als Monarch, bzw. dem Monarchen als gottgesalbtem Vater, mit keiner Zurückweisung rechnen muss, mit Aufruhr von Seiten der Söhne (und heute auch der Töchter) gegen ihre hybriden Machtauftritte.

Wenn in der psychoanalytischen Orthodoxie die Identifikation mit dem Vater, dem (häuslichen) Herrscher, das zentrale Moment der kindlichen Über-Ich-Bildung markiert, eine durch Drohung (Tod/Kastration) erzwungene Identifikation, versteht sich der Erwachsene, der Robinson ist, darauf von allein, sozusagen durch Einsicht ins Unabänderliche, die Formel seiner gelungenen – oder gelingenden – Resozialisierung lautet: Zurück in den Mittelstand gleich Auto-Ödipalisierung, nachträglich vom verlorenen zum guten Sohn werden qua Übernahme jener Richtlinien, die dem bürgerlichen Subjekt Fasson und Halt geben, die Illusion von Autonomie und Beständigkeit. Kein Drang mehr, in die Ferne zu ziehen, es sei denn zum Zweck von Eroberung und Ausbeutung, das Leben als buchhalterisches Tafelwerk, man selbst nur als begrenzter Exponent einer die Weltherrschaft anstrebenden, nach innen und außen kolonisierenden Klasse.

Die in Robinson ihr wahres Sinnbild findet, wie es James Joyce 1911 in einem Vortrag über Defoe an der Universität von Triest formuliert hat und was Joyce als die Charakteristika des »angelsächsische(n) Geist(es)«, der in Crusoe ganz verkörpert sei, auflistet, dürfen wir über diesen spezifischen Geist getrost erweitern zu den Charakteristika einer Subjektivität, die im Zeitalter der Entdeckungen sich darangemacht hat, ihr imposantes Regiment im Herzen aller europäischen Gesellschaften zu errichten. Als da wären, ich zitiere Joyce: »Die männliche Unabhängigkeit, die unbewusste Grausamkeit, die Ausdauer, die langsame, aber wirkungsvolle Intelligenz, die sexuelle Apathie, die praktische und ausgeglichene Religiosität, die berechnende Schweigsamkeit.«

Sicher nicht als pädagogischer Reigen zur Belehrung des Publikums angelegt – zumal Defoe in seinen anderen Romanen und Erzählungen ohne »die wohl einstudierte Glut von Indignation und Empörung« (Joyce) »den letzten Abschaum der Menschheit in die Literatur einbrachte: den Findling, den Taschendieb, den Kuppler, die Hure, die Hexe, den Räuber, den Geächteten« –

entfaltet sich vor den Augen des Lesers in den *Seltsamen Abenteuern eines Seemannes aus York* nichtsdestotrotz das Schauspiel einer glorreichen Verwandlung, die von einem Nah-Tod-Erlebnis, dem Schiffbruch, über einen jahrelangen Auferstehungs- und Wiederherstellungsprozess zur Etablierung eines neuen Menschen führt, zu einem Ich, dessen unbestreitbare Stärke mit dem Verlust sämtlicher Eigenschaften erkauft wird, die nicht zwanghaft auf Exklusion hinauslaufen, aufs Bilanzieren, auf substanzlose Rangordnungen, Grundstückserschließungen und Machtbesitz. [ex tempore: Bei einer späteren Rückkehr teilt Robinson die Insel tatsächlich in Grundstücke ein, behält sich »aber das Eigentumsrecht im Ganzen vor.«] Eine Verwandlung, die man auch eine Domestizierung nennen könnte, an deren Ende wir auf ein Subjekt stoßen, dem eine religiös fundierte, den unerschöpflichen Reichtum seiner Vermögen kupierende Selbstbeschränkung als Freibrief zur Annexion alles Lebendigen dient, alles Fremden, das bei jeder Begegnung mit diesem Individualtyp vor der unschönen Alternative steht: Sich bezähmen, sich unterwerfen lassen, oder Tod, tertium non datur.

Annexion oder Abwehr des Fremden, das das ganz Andere ist. Ein dunkler Kontinent der Lüste und Ängste, sein Zeichen eine Fußspur im karibischen Sand. Die denn auch Panik hervorruft, »extreme Bestürzung«, bis man glaubt, sich ausreichend gewappnet zu haben gegen die mögliche Ankunft eines Wesens, das zuvorderst Gefahr signalisiert, eine Bedrohung, gegen die es die

Oberhand zu gewinnen und zu behaupten gilt. Durch strategische Planung und taktische Finesse, nachdem die Nerven wieder unter Kontrolle sind. Es geht um Verteidigung, das heißt, um die Verteidigung eines Gebiets, das man der Natur, der eigenen und der da draußen, abgerungen hat, um Techniken der Regulation, vermittels deren wir uns zu den Dingen wie zu uns selbst ins Verhältnis setzen. Die unseren Zugang zur Welt bestimmen und die Weise, wie wir darüber Auskunft geben können, mündlich, schriftlich oder gestisch, mit anderen Worten: welche Art von Mensch in welchem Modus seine Aufmerksamkeit nach innen und außen richtet.

›Welche Art‹ meint: Nicht ›der‹ Mensch, sondern ›ein‹ Mensch, keine Bedingung, sondern Resultat, weniger anthropologische Entität oder Konstante, als vielmehr ein Aufschein, eine zutiefst historische Figur in einem Diagramm von Mächten, die sie als Ausdruck »herrschender Umstände« und »unbekannter Kräfte« umkleiden und durchdringen, ihre Erkenntnisfähigkeit disponieren und ihre Affekte, ihren Gefühlshaushalt, strukturieren; epochenverhaftet, nur vorstellbar als Produkt, nie aber als Ausgangs- oder Endpunkt, als unantastbare Referenz eines Nachdenkens über die Gattung, folglich uns selbst. Genau diesen Menschen, diesen besonderen Entwurf hatte Foucault im Blick, als er seine *Ordnung der Dinge*, 1966 zuerst veröffentlicht, mit der berühmt gewordenen und heftig kritisierten Prophezeiung abschloss, man könne sehr wohl wetten, »dass der

Mensch verschwinde(t) wie am Meeresufer ein Gesicht im Sand«.

Ungefähr 350 Jahre liegen zwischen der Fußspur, die Robinson in seinem ›Account‹ entdeckt als Ausprägung des Anderen – eines Geistes, wie er vermutet, der aber nur er selber als ›unzivilisierte‹ Form ist –, und der Vorhersage des französischen Philosophen, dessen Anti-Humanismus, wie der gängige Vorwurf in den dummen Spätsechzigern und fast so dummen Siebzigern lautete, doch nur die – für viele – schwer erträgliche Einsicht (oder narzisstische Kränkung) spiegelt, dass ›der Mensch‹ als fixiertes Gebilde nicht existiert, dass er erzeugt wird nach veränderlichen Regeln, die aufzudecken sind, und dass er – als Gehorsamssubjekt, als Effekt einer speziellen politischen Anatomie – von den Wellen der Unendlichkeit wieder weggespült werden könnte wie ein Gesicht am Strand.

Mag man den Abschied von einem Menschen, dessen Hervorbringung so strikt an die Normalisierungs- und Standardisierungspraktiken einer zur Macht kommenden Klasse geknüpft war, auch begrüßen – was Foucault getan hat –, sollte man ihn jedoch nicht mit Befreiung, einem verkürzten und verstümmelten Begriff von Freiheit, verwechseln. Im Stil von: das Gefängnis der bürgerlichen Seele verlassen, um endlich man selbst zu werden, endlich heimzukehren in den Schoß eines authentischen, eines essentiellen Mensch-Seins, das sozial nur verschüttet gewesen und in einem revolutionären, anti-gesellschaftlichen Akt zurückzugewinnen sei.

Was für ein Unsinn! Zwar müssen wir nicht so bleiben, wie wir sind, hoffentlich nicht, aber zu glauben, es gäbe einen Kern, einen zu entdeckenden Hort des ›Eigentlichen‹ am und im Menschen, womöglich aufzufinden bei sogenannten Naturvölkern, ist nichts anderes als die Kehrseite des panischen Schreckens, den die »Savage(s)« in unserem Robinson auslösen. (In dem Zusammenhang hält man es dann doch besser mit Gottfried Benn, der im Abschnitt *Zukunft und Gegenwart* seines Aufsatzes *Doppelleben* nonchalant verkündet: »Der Mensch muss neu zusammengesetzt werden, aus Redensarten, Sprichwörtern, sinnlosen Bezügen, aus Spitzfindigkeiten, breit basiert –: Ein Mensch in Anführungsstrichen.«)

Eine Fußspur und ein Gesicht, zwei Male im Sand, zwischen denen sich über mehr als dreihundert Jahre hinweg die Geschichte, um nicht zu sagen das Drama einer Subjektivierung entfaltet, deren legitime Erben wir sind. Eines Selbstbezugs, der nichts Natürliches hat, sondern in einem Komplex von Operationen gebildet wird, die empirisches Wissen, situative Gegebenheiten und individuelle Dispositionen einschließen, der immer entsteht und nie von vorneherein da ist, sich nie allein einer biologischen Grundausstattung verdankt. Also ein Bezug, der sich verschieben und transformieren kann und nichts weniger verrät als die Wahrheit des Menschen oder über den Menschen, sondern uns nur etwas über sein Werden erzählt, eine historische Wirkung beschreibt, kurzum, Bericht erstattet über ein gesellschaftliches Feld und seine libidinöse Besetzung. Kein stärkeres Gegengift (als ein solcher Subjekt-Begriff) ist denkbar gegen die Irrationalismen der Suche nach Identität, nach identitärer Geborgenheit in einem angemaßten Selbst, gegen den Wahnsinn von Fundamentalismen religiöser oder psychologischer Art, die esoterische Unvernunft jeglicher Bestrebungen, den Menschen, uns alle, zu reduzieren auf ein zu erfüllendes Programm – andernfalls wir mit üblen Strafen zu rechnen hätten, den Qualen der Hölle oder denen nicht enden wollender Therapiestunden. [ex tempore: *Der Wille zum Wissen* als Leseerlebnis, Foucaults Anti-Repressionshypothese, die Macht unterdrückt nicht nur, sondern bringt ebenso auch hervor.]

Ankunft und Abschied, ein Gebiet betreten oder schaffen, sich wieder davonmachen. Aufs neue in Bewegung kommen, statt territorial zu erstarren. Wofür man sich oft gar nicht von der Stelle rühren muss,* dann aber doch, weil die »herrschenden Umstände« einem keine andere Wahl lassen. Zumindest dann, wenn man nicht bereit ist, sich ihnen zu beugen und in Milieus aus falschen Gewissheiten einzutreten, in jene Refugien, die uns Eitelkeit und Selbstgefälligkeit – wie Blan-

---

* Wie Nomaden, die im Grunde raumlos sesshaft sind: »Der Nomade lehnt es ab, sich den Raum, den er durchquert, anzueignen, und schafft sich eine Umgebung aus Wolle oder Ziegenhaar, die an dem Ort, den er vorübergehend bewohnt, keine Spuren hinterlässt.« G. Deleuze/F. Guattari, *Tausend Plateaus*, S. 523.

chot es ausdrückte – so freigebig zugestehen. Als eine
Flucht vor der Flucht, die an- und aufzunehmen wäre
als ein mitreißender Aufbruch ins Fremde, ins Unbekannte, in die Unordnung des Umsturzes von Verhältnissen, die dem lebendigen Leben die Luft abschnü-
ren. Eine Deterritorialisierungs- oder Fluchtlinie gegen
die Kräfte des Zentrums, das Zentripetale von Codes
und harschen Grenzziehungen, die die freie Zirkula-
tion des Wunsches zu verhindern suchen, um ihn Er-
wägungen von Nützlichkeit und Tauschwertsteigerung
zu unterwerfen. (Kennzeichnend für dieses Denken die
Baummetapher, vom soliden Stamm und den zu be-
schneidenden Trieben, als sei das Soziale einem prinzipiell symmetrischen Pflanzentyp vergleichbar, den ein –
himmlischer oder irdischer – Gärtner nach Bedarf und
Belieben zurechtstutzt.)

Bis man zu unguter Letzt (Berufsrisiko) auf einer ein-
samen Insel landet und die berechtigte Frage, wie man
eigentlich hierhergekommen und was dafür ursächlich
sei, mit Reue (denken Sie an Spinoza, an die Unlust
als den Übergang von größerer zur geringerer Vollkommenheit) und Zerknirschung beantwortet. Und dann
den Versuch, den überaus erfolgreichen Versuch startet,
ins Zentrum zurückzugelangen, in das, was man unter
Zivilisation versteht; eine Reterritorialisierung am Rand
der Welt, die Robinson in die Mitte der englischen Gesellschaft des 17. Jahrhunderts zurückwirft, zurück aufs
durchcodierte Territorium des »middle State«, den seine
Vertreter (oder Insassen) gewöhnlich mit der Mensch-

heit als solcher zu verwechseln belieben. Eine Insel als Besserungsanstalt, die keine Wärter braucht, weil sie abgelegen genug ist, es reichen die Bibel, ein paar gerettete Werkzeuge und der unbedingte Wille, mit Haut und Haaren wieder zur »Mankind« dazuzugehören. Zur Klasse einer Souveränität, die als unterworfene und unterwerfende in jeder Beziehung zu wissen glaubt, wo es langgeht – und wo auf keinen Fall, wo die Schranken des Schicklichen sind, denen man sich anzupassen hat, auch und gerade narrativ, im Erzählen, in der Geschichte von allem und sich selbst.

Dass das nicht so sein muss, davon berichtet uns der halbwüchsige Held eines anderen Buches, dessen »Schauplatz: Das Tal des Mississippi« ist und das mit folgenden Worten nicht endet, sondern sich in der Imagination des Lesers unwiderstehlich fortsetzt: »Ich schätze, ich hau noch vor den anderen ins Indianer-Territorium ab, weil Tante Sally, die will mich adoptieren und zivilisieren, und das halte ich nicht aus. Hatte ich schon mal.« (»But I reckon I got to light out for the Territory ahead of the rest, because Aunt Sally she's going to adopt me and sivilize me, and I can't stand it. I been there before.«)

Huckleberry Finn heißt der Junge, der nicht dazugehören will, der wieder aufbricht in dem Moment, als sich in seiner Fabel die Dinge scheinbar zum Besten gewendet haben und ihm noch einmal die Chance geboten wird, die Peripherie der Gesellschaft, seinen Status als Außenseiter, zu verlassen. Doch was tut er? Er pfeift

drauf, und wir, wir pfeifen fröhlich mit ihm mit, be-
glückt von so viel Mut zum Leben, zur Bewegung, zum
Sein als freier Mensch.

Volles Risiko

»Der Künstler ist nicht jemand,
der die Welt transkribiert –
er ist ihr Rivale.«
André Malraux nach Heiner Müller, *Zur Lage der Nation*

Die Szene spielt in den vierziger Jahren des 19. Jahrhunderts in Nordamerika, man hat gerade zu Abend gegessen, pünktlich, danach wurde in der Bibel gelesen, und jetzt passiert Folgendes, in den Worten des Erzählers: »Ziemlich bald bekam ich Lust zu rauchen und fragte die Witwe, ob ich dürfte. Aber sie ließ mich nicht. Sie sagte, es wäre ein Laster (a mean practice) und schmutzig und ich müsste versuchen, davon loszukommen. So sind eben manche Leute. Sie putzen etwas herunter, von dem sie keine Ahnung haben. Da ging sie einem mit Moses auf die Nerven, mit dem sie nicht mal verwandt war und der keinem was nutzte, unter der Erde, richtig tot, versteht ihr, aber mir machte sie Riesenvorwürfe wegen einer Sache, die immerhin Spaß machte. Dabei nahm sie Schnupftabak; klar, das war natürlich in Ordnung, weil sie es selber tat.«

Es dürfte außer Frage stehen, dass die Umstände, die hier herrschen, in diesem Haushalt, dem Erzähler das Leben mächtig vergällen; bei dem es sich – Sie werden es gewusst haben – um Huckleberry Finn handelt, von dem bereits am Ende der letzten Vorlesung die Rede war, die zitierte Passage findet sich auf den ersten Seiten des 1885 in den USA veröffentlichten Romans *The Adventures of Huckleberry Finn (Tom Sawyer's Comrade)*, dessen Schauplatz – das ist bekannt – das Tal des Mississippi ist. Huckleberry, ein ungefähr dreizehnjähriger Junge ohne Familie, die Mutter tot, der Vater ein Herumtreiber und Säufer, lebt als eine Art Adoptivkind bei zwei älteren Damen, die ihm die Regeln des Anstands beibringen wollen – jedenfalls das, was man im Milieu eines kleinstädtischen Antebellum-Südens darunter versteht. Für Huck eine Qual, obwohl er die besten Absichten hat und sich nach Leibeskräften bemüht, ihren Ansprüchen gerecht zu werden. Wobei ihn kleine Fluchten immer wieder Luft schöpfen lassen, denn »in einem Haus zu wohnen und in einem Bett zu schlafen, war schon ein Ding für mich (pulled me on pretty tight), aber manchmal, bevor es kalt wurde, machte ich nachts die Flatter und schlief im Wald, und da konnte ich mich dann erholen (…). Die Witwe sagte, sie sei sehr zufrieden (…) sie würde sich jetzt nicht mehr schämen wegen mir.«

Was bedeutet, sich nicht mehr schämen zu müssen wegen seines zerschlissenen Aufzugs, seiner nicht vorhandenen Manieren und seiner Gottlosigkeit, also inakzeptablen Erscheinungs- und Verhaltensweisen, denen die Witwe Douglas in Zusammenarbeit mit ihrer Schwester, Miss Watson, Abhilfe zu schaffen versucht. Nachdem sie ihren Zögling neu eingekleidet haben, heißt es von früh bis spät: »Leg deine Füße nicht hoch, Huckleberry«, »›Lass dich nicht so hängen, Huckleberry – setz dich gerade hin‹, und gleich darauf: ›Gähn und räkel dich nicht immer so (…) warum kannst du dich nicht benehmen?‹«

Wahrlich strenge Auflagen für jemanden, der sonst in einem Zuckerfass haust, isst, wenn er Hunger hat, schläft, wenn er müde ist. Und dem die Menschen alle gleich sind, gleich nah und gleich fern, falls er sich nicht genötigt sieht, ihnen aus dem Weg zu gehen (dem saufenden, prügelnden Vater) oder ihre Gesellschaft zu suchen, weil er etwas kaufen oder tauschen will (zum Beispiel eine tote Katze als unfehlbares Warzenmittel). Huckleberrys Verhältnis zur Welt wird durch einen Pragmatismus bestimmt, der blind bleibt, oder sich blind stellt, gegen das System von Zeichen, die gemeinhin den sozialen Rang eines Individuums sowohl verdeutlichen als auch behaupten – Umgangsformen, Dresscodes, zur Schau getragene Gläubigkeit. So naiv wie gewitzt, ein verschluderter, ungebildeter, aber durch und durch lauterer Charakter, übersteigt es seinen Horizont bei weitem, es könne eine Beziehung geben zwischen dem Außen dieser Konventionen und der Sphäre von Moral und Sittlichkeit, zwischen öffentlichem Auftritt und der Fähigkeit, couragiert, verantwortungsvoll zu handeln. Also einem Kanon von Werten zu genügen, die – und das weiß Huck aus Erfahrung – sowieso nur in der Praxis, wenn man sich zu entscheiden hat und kein Schlupfloch mehr Rettung oder Tarnung verspricht, nur und ausschließlich dann von Interesse und Gewicht sind. Abstrakte Tugend zählt für ihn nicht, er weiß partout nicht, was das sein soll oder was man davon hätte, etwa nicht zu rauchen, regelmäßig zu beten, das Fluchen zu lassen oder Hosen ohne Löcher zu tragen.

Vordergründigkeiten, die – anders als es ihnen zugeschrieben wird – weder mit einer Tiefe des Gefühls in Verbindung stehen noch besondere menschliche Qualitäten ausdrücken, sondern allein der Distinktion und Selektion dienen, und zwar um den Preis erheblicher Unbequemlichkeiten im Alltag, wie Huckleberry sehr schnell bemerkt: »(Die Witwe) steckte mich (…) in die neuen Kleider, und ich konnte nichts (…) tun als schwitzen und schwitzen und kam mir vor wie in einer Zwangsjacke.« (»Cramped up« im Original, in einer Schraubzwinge stecken, verkrampft, eingeklammert.) So gerät Huckleberrys Lebensroutine, die sich vorrangig nach seinen eigenen, simpel zu stillenden Bedürfnissen richtet, sehr schnell und unaufhebbar in Konflikt mit einem auf Wahrung der Form gerichteten Trainingsprogramm zur Respektsvermehrung, zum Zweck der Bildung und kontinuierlichen Bestätigung einer Klasse von Respektabilität (Etikette), die die Voraussetzung für alles in einem Kleinstadt-Kosmos ist – die notwendige Bedingung, um überhaupt Teil seiner ökonomischen, familiaren und administrativen Strukturen werden zu können.

Spricht Miss Watson, »a slim old maid with goggles on«, »eine dürre alte Jungfer mit Guckis auf«, bei Hucks geistlicher Belehrung vom »Ort der Finsternis«, an den Sünder wie er expediert würden, ruft seine Antwort, genau dahin zu wollen, selbstredend große Empörung hervor, die sich auch durch die nachgeschobene Erklärung, ein bisschen Abwechslung zu brauchen, nicht besänftigen lässt. Fast schon überflüssig, zu erwähnen, dass ihre Humorlosigkeit und Rigidität – wie das immer der Fall ist, und alte Jungfern bieten sich für solche Zwecke geradezu an – in vorhersagbarer Manier mit Scheinheiligkeit bzw. Doppelzüngigkeit korrespondieren, wie in der zu Anfang zitierten Szene, in der das Tabakverbot sich exklusiv auf Huck bezieht, für die Witwe aber nicht gilt – »klar (…), weil sie es selber tat.«

Ihre Autorität, wie jede Autorität dieser Art, fußt auf einer logischen Schlaufe, die das krude soziale Faktum, Repräsentantin der besseren Gesellschaft zu sein, wie hier von St. Petersburg in Missouri, mit dem Argument kurzschließt, ebendarum über Autorität, über diverse Vorrechte, wenn nicht die Wahrheit zu verfügen, eine der klassischen Tautologien der Macht, die Kritik entweder abschneidet oder als persönliche Beleidigung zu begreifen pflegt. Was Huckleberry jedoch nicht im mindesten beeindruckt, zum einen, weil sein Zugang zur Realität sich durch praktische Evidenz auszeichnet (der sein Aberglaube nicht widerspricht, bei Tisch zerstreutes Salz erwies sich noch stets als schlechtes Omen und tote Katzen sind als Heilmittel gegen Warzen absolut unschlagbar), er demzufolge mit der Symbolik oder Metaphysik der bürgerlichen Welt nichts anzufangen weiß, und dann weil seine Existenz als Außenseiter ihn mit einem feinen Sensorium für falsche Töne ausgestattet hat, für Fassaden und Heuchelei, die das Gute predigt, einfachste Hilfe freilich verweigert. Und was soll das bitte mit Moses und den ganz anderen Figuren, von denen die Witwe Douglas und Miss Watson nicht müde werden, ihm vorzulesen, wo sind die, kann man die kontaktieren, um Rat fragen und erhielte eine konkrete Antwort, oder müsste man sie etwa erst ausgraben – was ja nun, verstehen Sie, völlig bescheuert wäre, da Tote bekanntlich nicht reden oder einem sonst wie unter die Arme greifen. Oder hat schon mal jemand einen aus seinem Grab steigen und herumwandern gesehen, also im Ernst, Huck nicht und ich ebenso wenig.

Huckleberry Finns Naivität mit Begriffsstutzigkeit zu verwechseln, mit einem biographischen Mangel an Reflexionsvermögen, der ihn dauerhaft auf die Stufe der reinen (gelegentlich magisch durchschossenen) Empirie verweisen würde, wäre allerdings eine unzulässige, um nicht zu sagen, perfide Verkürzung und Verkleinerung von Eigenschaften, die er, das heißt seine in einem emphatischen Sinn kindliche Seele, noch im Übermaß besitzt, da die Prozeduren der Erziehung sie bisher nicht erreicht haben bzw. an ihrer betörenden Kraft zum Staunen, zum Vertrauen-Schenken, zur Unvoreingenommenheit schlicht und sehr ergreifend abprallen. Er vertraut ohne Rückversicherung, sein Blick ist nicht von Hintergedanken getrübt, jedes Ding kann seine Verblüffung erwecken, als sei es ein Weltwunder. Als sei die Welt voller Wunder, selbst ein Mirakel, täglich aufs neue, sofern man nur richtig hinzuschauen vermag. Welche Kraft darin liegt, in dieser Naivität, die sich in gleicher Distanz zu Einfalt wie zu Durchtriebenheit befindet, lernt der Leser spätestens dann, wenn Huck und sein Freund Jim, ein entflohener Sklave, auf einem Floß den Mississippi hinabtreiben und mit den Winkelzügen, dem religiösen Wahn, der Habgier und schalen Sensationslust der anderen, der ›normalen‹ Menschen des amerikanischen Sklavenhalter-Südens konfrontiert werden und sie ihnen die verschiedensten Schnippchen schlagen müssen; was nicht verharmlosend gemeint ist, Schnippchen schlagen, mehr als einmal geht es um Leben und Tod. [ex tempore: Mark Twain der erste Autor, von dem ich mir von meinem Taschengeld Bücher gekauft habe, *Prinz und Bettelknabe*, *Die Million-Pfund-Note*, die Buchhandlung Dahl, *Filmkritik*, Angela Davis, Bloch, Lukács.]

Blutrache, Lynchjustiz, gewöhnlicher Mord – physische Gewalt durchdringt die quasifeudalen Verhältnisse unterhalb der Mason-Dixon-Linie auf allen Ebenen, kaum jemand, auch nicht der Mächtige, bleibt von ihren unmittelbaren Auswirkungen verschont. Seien es groteske Fehden zwischen Herrenhäusern, deren Anlass man seit langem vergessen hat, sei es ein sich zum Hängen, zum Teeren und Federn immer wieder schnell zusammenrottender Straßenmob, es gibt Gründe genug, wachsam zu sein, insbesondere aber, wenn man ohne den geringsten Schutz von Klasse oder Rasse unterwegs ist. Sich aufgemacht hat, Reise oder Flucht, um die Grenze zu überschreiten in ein anderes Leben, ein weniger determiniertes, in dem Hautfarbe und Herkunft nicht mehr Schicksal, unentrinnbar, sind. Buchstäblich als eine Art von Verflüssigung (die Fahrt auf einem Floß) sozialer und rassistischer Prädestinationen, die den Einzelnen an einem gesellschaftlichen Ort festzurren als immobiles Element einer immobilen (natürlich erscheinenden) Ordnung, deren ökonomische Grundlage (im Fall der Südstaaten) die Sklavenwirtschaft war, nicht nur auf den Plantagen, sondern bis in den Alltag der kleinen Leute, der Handwerker und Ladenbesitzer hinein, die in ihren Gewerben und in ihren Privathaushalten allesamt von schwarzer, folglich äußerst miserabel oder nicht in Geldform entlohnter Arbeitskraft profitieren. [ex tempore: Mit Konsequenzen bis heute, wie Obama 2008 in seiner Rede *A more perfect Union* ausgeführt hat.*]

---

* »Legalized discrimination – where blacks were prevented, often through violence, from owning property, or loans were not granted to African-American business owners, or black homeowners could not access FHA mortgages, or blacks were excluded from unions, or the police force, or fire departments – meant that black families could not amass any meaningful wealth to bequeath to future generations. That history helps explain the wealth and income gap between black and white, and the concentrated pockets of poverty that persists in so many of today's urban and rural communities. A lack of economic opportunity among black men, and the shame and frustration that came from not being able to pro-

Sich von einem nicht zu kontrollierenden Strom ins Ungewisse davontragen zu lassen, weil unter dem Gesetz einer – mehr oder weniger – offen despotischen Herrschaft allein so die Auflösung, die Befreiung von rigiden Status-Markierungen zu haben ist (ohne eine Revolution in Sicht), stellt einen höchst individuellen, mit großen Gefahren verbundenen Akt der Emanzipation dar, dessen Wirkungen sich indes und allerdings nicht bloß auf ein Außen, auf die, nennen wir sie ›makro‹-politischen, Verhältnisse beschränken. Als sei es dem Prozess des Fliehens, einem bedingungslosen Die-Kurve-Kratzen wie ein beinah notwendiger Überschuss eingeschrieben, kommt es auch ›mikro‹-politisch zu Veränderungen und Verschiebungen, die man als affektive Entkolonialisierung bezeichnen könnte, Aufhebung eines starren Regiments von Zivilisation, das unter dem Deckmantel von Sitte und Anstand einzig dazu da ist, Privilegien zu immunisieren und Unterdrückung zu rechtfertigen; wie etwas zu sein hat und wie nicht, Sesshaftigkeit, Gottesfurcht, die heilige Arbeit und die heilige Familie.

»Wir fanden beide«, berichtet Huckleberry, »dass man nirgends besser zu Hause ist als auf einem Floß. Woanders ist man immer eingezwängt und hat kaum Luft zum Atmen, aber nicht auf einem Floß. You feel mighty free and easy and comfortable on a raft.« Ein be-

---

vide for one's family, contributed to the erosion of black families – a problem that welfare policies for many years may have worsened.«

wegliches, ein so zerbrechliches wie provisorisches Gefüge aus Holz und Hanf, das den erdenklich größten Kontrast bildet zu den Territorien, die längs der Ufer vorbeifließen, zu allen Mustern der Verewigung, indifferenter Wiederholungen, zu Appell und Dekret. Wie beschwingt und leicht im Gegensatz dazu doch das Leben sein kann: »Wenn wir das Floß in der Flussmitte hatten, ließen wir uns einfach mit der Strömung treiben (we let her alone, and let her float wherever the currant wanted her to). Wir zündeten uns die Pfeifen an, hängten unsere Füße ins Wasser und redeten über alles Mögliche – wir waren immer nackt, Tag und Nacht, wenn die Moskitos es zuließen. Die neuen Sachen, die Bucks Familie mir gegeben hatte, waren viel zu fein, um bequem zu sein, und außerdem machte ich mir nichts aus Klamotten, gar nicht.«

Ohne hier Spinozas alte Frage (bzw. deren Beantwortung), warum Menschen so oft die eigene Knechtschaft wählen, als bedeute es, ihr Seelenheil auf ein Bekleidungsproblem herunterbrechen zu wollen – obwohl Stehkrägen und Rosshaar-Krinolinen bei 40° im Schatten schon ein bisschen, sagen wir, unkommod sind –, führt uns der Schlussteil der gerade zitierten Passage noch einmal demonstrativ vor Augen, welche Sprengkraft, soziale, politische, sich in Huckleberrys Nonchalance verbirgt, in diesem »außerdem«, das weit über einen persönlichen Tick, eine unerzogene Laxheit hinausweist, im Original: »And besides, I don't go much for clothes, nohow.«

Was nämlich für Bucks Familie, die Grangerfords, Großgrundbesitzer seit Generationen, als Repräsentations- und Unterscheidungsvehikel von essentiellem Wert ist, feine Sachen, ist für ihn »nohow«, nicht eine – warum auch immer – zu vernachlässigende Größe als vielmehr überhaupt keine, zumindest nicht, wenn es um Nützlichkeit geht, Handhabbarkeit, ein gutes Gefühl am Körper statt jenes zeremoniellen Aufwands an Fracks, glänzenden Stiefeln, gestärkten Hemden und korrekt geknoteten Krawatten, die einem bei der kleinsten Drehung des Kopfes den Hals abwürgen. Denn zwar weiß Huck ein Paar schöne Hosen und einen gediegenen Rock durchaus zu schätzen, so ist das nicht, aber er kennt (oder erkennt) kein Prinzip dahinter, hat kein Organ für die Gravität von Signifikanz und Signifikanten, noch erschließen sich ihm die Fein- bzw. Torheiten eines Ehrbegriffs, der mit solchen Habitus-Chiffren meist eng verknüpft ist. Mit der Pedanterie von Rangabzeichen und ritualisierten Verkehrsformen, die zu missachten oder nur zu übersehen schreckliche, sogar tödliche Folgen haben kann. Ein unbedachtes Wort, ein nicht gezogener Hut, eine fahrlässige Geste, die als Beleidigung interpretiert wird: Das Selbstverständnis des Südstaatlers, der sich einem chevaleresken Ideal verpflichtet fühlt, zwingt ihn, wenigstens in den tonangebenden Schichten, auf der Stelle zu Vergeltungsmaßnahmen, mögen die in einem Duell bestehen oder sich auswachsen zu einer Vendetta, der mitunter die männliche Seite einer Familie komplett zum Opfer fällt. [ex tempore:

W. Schivelbusch, *Die Kultur der Niederlage*, southern belle und southern gentleman, to shermanize a place, die Strategie der Auslöschung, Sherman der Name eines Panzers im 2. Weltkrieg, nach W. T. Sherman, General des amerikanischen Bürgerkriegs.]

Wie die Söhne der Grangerfords, alle erschossen,[*] auch der vierzehnjährige Buck, mit dem sich Huckleberry angefreundet hatte. Dass eine von Bucks Schwestern ausgerechnet mit einem Shepherdson durchgebrannt war, hatte den schwelenden Konflikt zwischen den seit Urzeiten verfeindeten Familien erneut entflammt (durchgebrannt, schwelend, entflammt – naja), einmal angefangen, finden sie kein Zurück mehr, bis nach einer finalen Metzelei, deren Zeuge unser Held wird, nur noch Tote zu beklagen sind: »Als ich vom Baum gestiegen war, kroch ich ein Stück weit am Fluss entlang und sah die zwei Körper im seichten Wasser. Ich zerrte sie an Land, dann deckte ich ihre Gesichter zu und machte schnell, dass ich weiterkam. Als ich Bucks Gesicht zudeckte, musste ich ein bisschen weinen, denn er war riesig gut zu mir gewesen.«

Nicht zuletzt deshalb, das Gut-Sein, weil er – wie die anderen Grangerfords – Huckleberry für eine Waise hielt, die nachts von Bord eines Raddampfers gefallen und auf ihrem Grundstück, einem ihrer Grundstücke, ans Ufer getrieben worden sei; laut der Geschichte, die Huck ihnen erzählt hatte, als sie ihn völlig durch-

---

[*] http://www.youtube.com/watch?v=QJ7U8_OAgw8 (Pardon)

nässt aufgriffen, eine rührselige Fabel von einer kleinen Farm in Arkansas, die er nach dem Tod der Eltern und Geschwister verlassen musste – »denn (sie) gehörte uns nicht« –, von seiner Fahrt stromaufwärts und dieser nächtlichen Unachtsamkeit, die ihn um ein Haar das Leben gekostet hätte. Tatsächlich, und das ist das Einzige, was an seiner Erzählung stimmt, ihr faktischer Rest sozusagen, drohte er zu ertrinken oder von einem Schaufelrad zermalmt zu werden, als ein großes Schiff – »wie eine schwarze Wolke mit Reihen von Glühwürmchen drumrum« – auf das Floß krachte und seine beiden Passagiere, ihn und Jim, in die Fluten warf. Die Wahrheit, die ganze Wahrheit ihrer Reise [ex tempore: über Cairo/Illinois nach Ohio, einem Bundesstaat ohne Sklaverei], den Leuten zu verschweigen, ist, wie Sie sich denken können, unumgänglich, entweder gibt Huckleberry den Freund als seinen »Nigger« oder den seiner (nicht existenten) Familie aus, oder – da Jim in der Regel versteckt bleibt – er erfindet sich zur Beglaubigung seines Erscheinens an einem Ort diese oder jene Biographie, schlüpft in verwickelte Schicksale, absonderliche Lebensläufe hinein, die eines gemeinsam haben: auf die Tränendrüse zu drücken. Was uns eine unschätzbare Lektion darüber beschert, wie verwandt Bonhomie und Brutalität sind, und den Satz Rousseaus aus dem *Contrat social*: »Zwischen dem Starken und dem Schwachen ist es die Freiheit, die unterdrückt, und das Gesetz, das befreit«, in ein anderes, ein etwas funzeligeres Licht rückt.

Jedenfalls befreit kein Gesetz – sofern je eins –, das auf gradliniger Filiation beruht, auf Sohnesschuld und Töchterehre, Heimaten und Besitztümern, Abstammungsnachweisen und territorialen Hierarchien, einer groben, grausamen Mechanik des Segmentierens und Klassifizierens, die zu kündigen, schon der Versuch, mit den härtesten Strafen geahndet wird. Wenn nicht mit dem Tod, dann mit Brandmalen und Verstümmelungen, die das Vergehen – jeglichen Traditions-Bruch, geplant oder vollzogen – nicht allein sühnen, sondern in der Sichtbarkeit der empfangenen Pein jene Fixierungen und Asymmetrien wiederherstellen und bekräftigen sollen, die vormodern autoritäre (in summa: vorkapitalistische) Gesellschaften organisieren; handele es sich um die öffentliche Tortur eines Königsattentäters [ex tempore: Die Hinrichtung Damiens, s. Foucault, *Überwachen und Strafen.*], um einen auf die Stirn gebrannten Buchstaben oder – welche Gnade – nur um ein rotes Stoff-A, wie es die Ehebrecherin in Hawthornes Roman *Der scharlachrote Buchstabe* fortwährend an ihrem Kleid zu tragen hat; zu einer Schande, die in puritanischen Gemeinwesen so wenig zu tilgen ist wie Evas Freveltat im Paradies.

Die Rollen und Vergangenheiten aufzulisten, die sich Huckleberry im Verlauf des Buches zu eigen macht, all die fabulösen Geschichten von Pleiten, Pech und Pannen, tödlichen Unglücken und tödlichen Krankheiten, die ihn seiner Anverwandten beraubt hätten, würde zu weit führen, zusammenfassen lassen sie sich gleichwohl als Ausdruck eines untrüglichen Riechers dafür – denken Sie an die Tränendrüse –, dass man die Menschen entschieden bei ihrem Mitleid packen muss, bevor es als sentimentalischer Schwindel in Verachtung zurückschlägt. De facto ohne Familie zu leben erleichtert ihm die Sache, er schlüpft durch die Maschen von Engstirnigkeit und Diskriminierung, indem er sich – eher Vortäuschung als Lüge – genau die Identität aus einem Reservoir herzerweichender Stories heraussucht, die ihm (und Jim) in einem diskreten Moment am unkompliziertesten weiterhilft. Heißt es bei Bob Dylan in dem Lied *Farewell Angelina* »Call me any name you like / I will never deny it«, so bei Huck: »I take any name / if it's useful / for me«, wobei es ihm dann dummerweise mehrfach unterläuft, den Namen, den er gerade gewählt hatte, zu vergessen. Was ihn zu ingeniösen Ablenkungsmanövern greifen lässt, um aufdringliche Nachfragen nicht beantworten zu müssen. [ex tempore: Buck, ich wette, du kannst meinen Namen nicht buchstabieren: G-e-o-r-g-e J-a-x-s-o-n. Warum kam mir der Name bekannt vor? George Jackson ein legendärer, im Gefängnis von San Quentin erschossener Angehöriger der Black Panther Party, über den Dylan 1971 ein anderes Lied schrieb, in dem sich die Zeilen finden: »Sometimes I think this whole world / Is one big prison yard. / Some of us are prisoners / The rest of us are guards.« Gegenwart, für die meisten Industriestaaten gültig: die oberen 0,1 % der Bevölkerung (300 000 Personen) erzielen in den USA so viel Einkommen wie die unteren 40 %

(120 Millionen). Tommie Smith bei der Siegerehrung in Mexiko City, '68, die Faust in einem schwarzen Handschuh.]

Reise-Unterbrechungen, die man so kurz wie möglich hält. Kein Misstrauen erwecken, den anderen keinen Raum für Spekulationen geben, die sie auf dumme Gedanken bringen könnten. Sich bei Bedarf an Gefühlsseligkeit ein Rührstück, eine Moritat vom harten Leben aus dem Ärmel schütteln, ansonsten die Situation beobachten, den Blick immer nach draußen gerichtet. Mit einem wachen Sinn für die Realitäten des Territoriums, die feindlichen Uferregionen, deren Gesetze – für Menschen wie Huck und Jim – das Verderben sind. Zumal auf Jim ein Kopfgeld von 300 $ ausgesetzt ist, das jeder gern einstreichen würde, auch Huckleberry hat ein-, zweimal schwer mit sich zu kämpfen, um keinen Verrat zu begehen. Weniger des Geldes wegen jedoch, als vielmehr aus der Überlegung heraus, dass er Miss Watson, der Jim ›gehört‹, durch seine ›Fluchthilfe‹ einen materiellen Schaden zufügt, sich also einer Straftat schuldig macht, die irgendwo im Grenzbereich zwischen Diebstahl, Unterschlagung und Betrug anzusiedeln wäre. Zutiefst – selbst er – mit der Ideologie der Südens kontaminiert, kostet es ihn einige Mühe, sich davon zu lösen und seine Freundschaft zu Jim höher zu bewerten als die Eigentumsordnung einer Gesellschaft, in der Sklaven Dingstatus haben, juristisch und moralisch als eine Art von Sache angesehen werden.

Zehn Jahre nach der Veröffentlichung des Romans

schrieb Mark Twain* über den Konflikt, in dem Huck steckte, Folgendes, Sätze, deren Allgemeingültigkeit (bzw. Generalisierbarkeit) sich im 20. Jahrhundert leider mehr als bestätigt hat: »In jenen alten Zeiten stimmte die ganze Gesellschaft in der Unantastbarkeit des Sklavenbesitzes überein. Wer half, ein Pferd oder eine Kuh zu stehlen, beging ein kleines Verbrechen, wer aber einem verfolgten Sklaven half, ihm zu essen oder Unterkunft gab, ihn verbarg oder ihm in seiner Not, seiner Angst, seiner Verzweiflung beistand oder auch nur zu lange zögerte, ihn an den Sklavenfänger zu verraten, wenn sich die Gelegenheit bot, beging ein sehr viel schlimmeres Verbrechen, und ihm heftete ein moralischer Schandfleck an, den nichts mehr wegwischen konnte. Dass diese Einstellung bei den Sklavenbesitzern vorherrschte, ist verständlich – es gab gute finanzielle Gründe dafür –, aber dass sie auch von den Armen, dem Pöbel, dem Abschaum der Gesellschaft vertreten wurde, und zwar in leidenschaftlicher und radikaler Form, ist in unseren entrückten Jahren nicht mehr zu verstehen. Mir kam es damals aber nur allzu natürlich vor; nur allzu natürlich, dass Huck & sein Vater, dieser nichtsnutzige Faulenzer, diese Einstellung teilten & richtig fanden, so absurd dies heute auch erscheint. Es zeigt, dass dieses seltsame Ding, das Gewissen – die-

---

* Siehe das instruktive Nachwort von Andreas Nohl zur seiner Neuübersetzung der beiden *Adventures*, im Carl Hanser Verlag erschienen.

ser unerbittliche Überwacher –, dazu erzogen werden kann, noch der abwegigsten Sache zuzustimmen, wenn man dies will und wenn man früh genug damit beginnt, es daraufhin zu erziehen und gefügig zu machen.«

Seinem Herzen zu gehorchen oder einem deformierten Gewissen – Huckleberry zerreißt es fast. Mag ihm die Welt bürgerlicher Normen und aristokratischer Hoffart äußerlich sein (und bleiben), als Krimineller will er nicht gelten. Eine innere Stimme martert den Ärmsten, ruft ihm seine Versäumnisse ins Gedächtnis: »(Du hättest die Sonntagsschule) besuchen können. Und wenn du das getan hättest, dann hätten sie dir dort beigebracht, dass Leute, die so handeln wie du an dem Nigger, zum ewigen Feuer verdammt sind.« Als ihm nichts mehr einfällt, greift er zum letzten Mittel und versucht zu beten, versucht, seinen »Mund dazu zu bringen, dass er sagte, ich will das Richtige und Gute tun und mich hinsetzen und der Besitzerin des Niggers schreiben und ihr sagen, wo er steckt, aber tief in mir drin wusste ich, dass es eine Lüge war – und Er wusste das. Man kann eine Lüge nicht beten (you can't pray a lie),* das habe

---

* Von Les Murray in dem wunderschönen Gedicht *Dichtung und Religion* aufgegriffen: »Religionen sind Gedichte. Sie bringen / unseren Tages- und Traumgeist in Einklang, / unsere Gefühle, Instinkte, den Atem und die uns angeborene Gestik // in das einzig vollkommene Denken: Dichtung. / Nichts ist gesagt, bis es in Worten hinausgeträumt ist / und nichts ist wahr, was nur in Worten wahr ist. // Ein Gedicht kann, verglichen mit einer geordneten Religion, / wie die kurze Hoch-

ich herausgefunden.« Und weil man das nicht kann, Lügen beten, entscheidet er sich gegen das Recht (barbarisch, aber schließlich Recht, ein anderes ist ihm nicht geläufig) und für sein Herz, für die Freundschaft zu Jim, zitternd, wie er bekennt, »da ich wusste, dass ich für alle Ewigkeit zwischen zwei Dingen wählen musste. Ich betrachtete ihn (den mittlerweile verfassten Zettel, auf dem er Jim denunziert) für eine Minute, mit angehaltenem Atem, und dann sagte ich mir: ›All right, then, I'll *go* to hell‹ – and tore it up.«

Lieber zur Hölle fahren, als es sich im Himmel der Rassisten bequem machen, weiter fliehen, anstatt zu verraten, die Realität nicht verleugnen, aber nie und nim-

---

zeitsnacht eines Soldaten sein / nach der man sterben und leben kann. Doch das ist eine kleine Religion. // Volle Religion ist das große Gedicht in liebevoller Wiederholung; / wie jedes Gedicht muss sie unerschöpflich und vollkommen sein / mit Wendungen, wo man sich fragt Warum hat der Dichter das wohl getan? // Man kann eine Lüge nicht beten, hat Huckleberry Finn gesagt; / man kann sie auch nicht dichten. Es ist derselbe Spiegel: / beweglich, aufblitzend nennen wir es Dichtung, // um eine Mitte verankert nennen wir es eine Religion, / und Gott ist die Dichtung, die in jeder Religion gefangen wird, / gefangen, nicht eingesperrt. Gefangen wie in einem Spiegel, // den er anzog, da er in der Welt ist, wie die Poesie / im Gedicht ist, ein Gesetz gegen jeden Abschluss. / Es wird immer Religion geben, solange es Dichtung gibt // oder einen Mangel an ihr. Beide sind gegeben, und periodisch, / wie der Flug jener Vögel – Haubentaube, Rosellapapagei – / die so fliegen: die Flügel zu, dann schlagend und wieder zu.« (In der Übersetzung von Margitt Lehbert.)

mer vor ihr einknicken, vor einem Unabänderlichen, das man gegebenenfalls durchzustehen, wo nicht zu erleiden hätte, transzendente Vergütung inbegriffen – was, wenn nicht das Programm Blanchots, hätten wir hier vor uns, Sie erinnern sich vielleicht, eine Philosophie der Praxis oder praktisch gewordene Philosophie, deren Mut sich darin beweist, »die Flucht zu akzeptieren, als seelenruhig und scheinheilig in falschen Refugien zu leben«, das Mittendrin einer Bewegung aus der Vergangenheit dogmatischer Einschnürungen und Vorschriften in eine freiere, von den Strömen des Kapitalismus in mannigfache Richtungen geöffnete Zukunft, die es Jim, zum Beispiel, erlauben würde, genügend Geld zu verdienen (anzusparen), um seine Familie aus der Sklaverei loszukaufen.

800 $ wollte Miss Watson – die »dürre alte Jungfer« – für ihn haben, sein neuer Besitzer wäre jemand aus New Orleans gewesen, für Jim mit der fatalen, der (man muss das Wort wiederholen) barbarischen Konsequenz, von Frau und Kindern getrennt zu werden, sie unter Umständen nie mehr zu sehen. Nur deshalb, nicht aus rückhaltlosem Freiheitswillen oder weil er etwa die Revolte suchte, läuft er davon [ex tempore: Die ›Gutmütigkeit‹ Jims, seine ›Einfalt‹ einer der Hauptkritikpunkte im Gefolge des Civil Rights Movement an Twains Roman, keine Figur, speziell Jim nicht, böte für Afroamerikaner (Kinder wie Erwachsene) ein diskutables role model.], wiewohl die Motive der Flucht eines Sklaven für die Herrschenden – die Wei-

ßen der Südstaaten jetzt in toto – gänzlich ohne Belang
sind: Man eröffnet die Jagd auf ihn, auf ihn und alle,
die ihm Hilfe leisten (was schon ein Wegschauen sein
kann), um nicht von denen zu reden, die sich mit ihm
verbrüdern, ihn aktiv unterstützen und in jeder Beziehung, mit Herz, Hirn, Hand, gegen Angriffe verteidigen.

Eine Philosophie der Praxis als praktische Solidari-
tät, in und mit den Mäandern des Mississippi driftend,
eine Minorität aus Zweien, denen nichts ferner liegt,
nichts unwichtiger ist, als Mehrheit zu werden. Ins Zentrum zu rücken oder ein neues Zentrum zu begründen,
die Etablierung von Signifikanten, Ausschlussverfahren,
elysische Renditen, Zivilisation – wenn Zivilisation eine
Beschneidung des Lebens meint, Rechenhaftigkeit und
Zeittakt, ein aufgenötigtes Dasein als Kopist von Plä-
nen, die man – zudem – nicht einmal selber entwor-
fen hat. »I would prefer not to«, wäre eine denkbare
Antwort darauf, auf diese letzte Zumutung, mehr ein
Flüstern als ein Schrei und dennoch von immenser Be-
stimmtheit, sei es, um dann in einem großen Schweigen zu versinken wie *Bartleby, der Schreiber*, sei es als
Signal eines Übergangs, eines Aufbruchs, der so wenig
schon ein umrissenes Ziel haben muss wie das »not to«
einen verbalen Adressaten, einen Infinitiv, den man nun
verweigerte, nachdem man ihm lange, viel zu lange,
nachgekommen ist. Denn es könnte ein jeder sein, jede
Aufforderung, jeder Befehl, jede als Bitte maskierte Un-
verschämtheit, die man leise, aber kategorisch zurück-

weist, weil es nicht mehr geht, weil man den Punkt des Umschlags erreicht hat: ein Nein, das zu spezifizieren (über die Jahre) entbehrlich geworden ist.

Die Passion eines beharrlichen Schweigens, die Leidenschaft einer intensiven Bewegung. Ein Missverständnis, das Schweigen, das Verstummen als etwas Passives zu betrachten, als Form oder Verlaufsform einer resignativen Erstarrung, auch der unbeirrbar Schweigende kehrt der Welt nicht einfach den Rücken, sondern er schafft sich eine neue, eine neue Erde (Bartleby in den Ecken, auf den Fluren des Anwaltsbüros, in dem er gearbeitet hat), die der alten gleichsam den Boden unter den Füßen entzieht (der Anwalt beginnt um seinen Verstand zu fürchten), sie der Lächerlichkeit oder einem plötzlich nicht mehr zu verbergenden Wahnsinn preisgibt; dem Verrückten – oder Lachhaften – ihrer Machtverteilung, ihrer Rangstufen und Sprechweisen, kurzum, der gesamten Logik ihres Betriebs. Der Schweigende entbürgert sich, deterritorialisiert sich im Geschehen des Verstummens, einem Abenteuer ganz eigener Art, mit eigenem Risiko, das hinter den Gefahren, denen man auf einem Floß ausgesetzt ist, nicht zurücksteht. Gefahren, die ein tödliches Ende einschließen können [ex tempore: Bartleby in Relation zum Kafka'schen Hungerkünstler, der lieber nichts isst als Speisen, die ihm nicht schmecken, und verkümmert: der Wille zum Nichts vs. die Zunahme eines Nichts an Willen.], die Flucht, zu fliehen, provoziert manchmal Begegnungen, heikle Konstellationen, denen auszuweichen unmöglich wird – wenn einem der Rest des Landes an den Hacken klebt.

In nebliger Nacht von einem Dampfer gerammt zu werden oder einem Blockhaus, das Hochwasser fortgeschwemmt hat, wäre eine der Gefahren für Reisende auf einem schlecht zu manövrierenden Floß, keine zu vernachlässigende, doch andere sind gewichtiger, sind weitaus schwieriger zu bewältigen als solcherart Unfälle, Physikalisches, Natur. Hören wir Huck: »Irgendwann sagte einer, Sherburn sollte gelyncht werden. Nach etwa einer Minute sagten es alle. Also zogen sie los, aufgebracht und grölend, und sie rissen jede Wäscheleine runter, an der sie vorbeikamen, um ihn daran aufzuknöpfen (…) sie johlten und keiften und tobten wie die Indianer, und alles musste aus dem Weg oder wurde überrannt oder zu Brei getrampelt; es war grässlich anzusehen.« Einige Stunden zuvor, in einer Scheune, erlebte er dieselben Menschen bei einem Erweckungs-Gottesdienst noch in – irgendwie – spirituelleren Gemütszuständen, Huckleberry: »Der Prediger (…) fuchtelte mit den Armen und dem ganzen Körper und rief dabei die Worte: ›Das ist die eherne Schlange in der Wüste! Sehet sie an und seid des Lebens gewiss!‹ (…) und die Leute stöhnten und weinten und riefen Aah-menn. Man konnte nicht mehr verstehen, was der Prediger sagte, es ging im (…) Geschluchze unter. Überall in der Menge standen Leute auf und drängten sich zur Bank der Buße vor, Tränen liefen ihnen übers Gesicht. (Sie) sangen und schrien (…) und warfen sich wie wild aufs Stroh.«

Fortlaufende Erfahrungen, die ihn später zu dem Resümee verleiten: »Enough to make a body ashamed of the human race.« Doch ist es eines, »die Scham zu empfinden, ein Mensch zu sein« (Primo Levi. Und Marguerite Duras: »Wir sind vereint in der grundsätzlichen Scham, das Leben leben zu müssen.«), ein anderes ist es, sich mit ihnen, den Mitmenschen, täglich auseinandersetzen zu müssen, ihrer Neidhammeligkeit, ihrer Borniertheit, ihren Vorurteilen. Die Gefahren, die daraus erwachsen, sind ungleich vertrackter und bedrohlicher als Unwetter oder Schlangenbisse – die man mit einer Portion Glück, einer Flasche Bourbon und ein paar alterprobten Zaubersprüchen überleben kann, während es für die Raserei eines Lynchmobs kein Gegenmittel gibt, keine Magie, die ihn bannen oder stoppen könnte, es sei denn rohe Gewalt, eine geladene Flinte und ein Schuss in die Menge. In einer Extremsituation wie der von Huck und Jim, ein Sklave und ein Halbwüchsiger ›on the run‹, heißt es infolgedessen, Berührungen mit den Normalos zu vermeiden, ihnen aus dem Weg zu gehen, so es sich nur bewerkstelligen lässt, und wenn einmal nicht (Proviant, Informationen), sie mit erfundenen Geschichten anästhesieren, um in der Zwischenzeit aufzutreiben, was man braucht; fabulierend Spuren verwischen, auf Innerlichkeit und Anteilnahme schalten, ohne auch nur eine Sekunde der Illusion zu erliegen, der durchschnittliche fellow citizen beherberge sonst noch etwas in der Brust als einen quer gestreiften Muskel zur Blutzirkulation.

Umstürzend neu ist das für Huckleberry nicht, keine Erkenntnis, die zu gewinnen er das Weite suchen müsste (à la negativer Bildungsroman), wer am Rand der Gesellschaft in einem Zuckerfass sein Quartier hat, immer auf dem Sprung, macht sich häufig nicht so falsche (neutraler: er macht sich andere, wahrscheinlich nüchternere) Vorstellungen über die Menschen als einer aus ihrer Mitte, aus einer Position des Besitzes und der peniblen Verwaltung alles Lebendigen (und Toten) heraus. Dass er selber vermögend ist, spielt für Huck keine Rolle, weder real noch symbolisch, da seine Existenzweise in einem umfassenden Sinn nicht ans Geld gebunden ist, an den Schatz von 6000 $, den der Friedensrichter des Ortes – St. Petersburg – in seinem Namen aufbewahrt. Eine für die damaligen Verhältnisse ungeheure Summe, die aus einer den aktuellen Ereignissen vorhergehenden Geschichte stammt, die den Stoff der 1876 veröffentlichten *Adventures of Tom Sawyer* bildet und in ihrer Fülle kaum referiert, geschweige denn nacherzählt werden kann, genau so wenig im Grunde wie der Inhalt des Buches, von dem ich die ganze Zeit rede. Bezeichnen wir es – probehalber – mal als ›river novel‹ (›road novel‹: Kerouac: *On the Road*, DeLillo: *Americana*, Faulkner: *Light in August*), das eine Reihe von Gattungsmomenten in sich vereint, Elemente des Pikaresken, des Stationen-Dramas, Farce, Sozialstudie, da und dort die Beschreibungsgenauigkeit eines Flaubert'schen Realismus, Schauermär, Chronik und Schmierenkomödie – nahtlos zusammengehalten durch die einzigartige

Sprache des Berichterstatters, durch den unvergleichlichen Sound aus schräger Grammatik, dialektalen Ausdrücken und Straßenjargon, dessen sich Huck nicht befleißigt, sondern der er ›ist‹ – singuläre Präsenz, die getragen wird von einem nicht zu erschütternden Glauben an die Welt und an das Werden, against all odds, gegen all die Widrigkeiten, die zu verdrängen so fruchtlos ist, wie vor ihnen in die Knie zu gehen.

Das Problem, eine Handlung wiederzugeben, die sich windet wie ein Strom, in Nebenarmen verzweigt, dann zurückfließt ins – um im leicht schiefen Bild zu bleiben – Hauptbett der Narration (Was wäre das? Natürlich die Reise der beiden. Aber: Wie kommen sie zusammen, wem begegnen sie, was widerfährt ihnen, wie gelingt es ihnen ein ums andere Mal, ihren Häschern besagte Schnippchen zu schlagen?), schien Twain geahnt bzw. kalkuliert zu haben, als er dem Roman eine Notiz vorausschickte, die der Geschichte jedes Motiv, jede Moral und vor allem – hier ist die Strafe die schärfste – jede Art von Plot abstritt, im englischen Wortlaut: »Persons attempting to find a motive in this narrative will be prosecuted (gerichtlich belangt); persons attempting to find a moral in it will be banished (des Landes verwiesen); persons attempting to find a plot in it will be shot.«

Wollen wir unter Plot (etwas gewaltsam) ein ausgeklügeltes System von Bezugnahmen und Bezüglichkeiten verstehen, das im Verhältnis von Detail, Szene und Konzept, der narrativen Generallinie, ein wohltempe-

riertes gestalterisches Gleichgewicht fabriziert, nie ein
Abschnitt zu lang oder zu kurz, zu ausführlich oder el-
liptisch [ex tempore: Exemplarisch die Romane Flau-
berts, der absurde Gedanke, er würde einer Figur, die als
Charakter interessant ist, konzeptuell aber keine Funktion hat, einmal ein Kapitel widmen.], ohne jenes Los-
gelassene des Erzählens, das Adorno dem Guckkasten
des bürgerlichen Romans als notwendige, die Dinge ins
Wanken bringende ›Disziplinlosigkeit‹ gegenüberstellt,
als Abfolge – ich bin noch beim Plot – inhärent ver-
knüpfter, stets in einen kausalen Großzusammenhang
eingebetteter Geschehnisse oder Episoden, das Besondere wie das Allgemeine ersichtlich mit Bedeutung ge-
sättigt wie ein nasser Schwamm mit Flüssigkeit, dann
hat *The Adventures of Huckleberry Finn* ganz sicher keinen, einen Plot, und meine Schwierigkeit, die Story zu
entwirren, um sie Ihnen plastischer zu machen über das
hinaus, was eh jeder weiß – dass Twains Roman die
halsbrecherische Flucht zweier Außenseiter in die Freiheit schildert –, diese Schwierigkeit würde zumindest in
der *Notice* des Autors eine Art Begründung für sich finden – uffa, ist der Satz ausgeufert –, Begründung dafür, Haupthandlung und Nebenstränge nur sehr schwer
bzw. gar nicht auseinanderhalten (außer: Die hauen ab,
es passiert enorm viel), also definitiv bestimmen zu können, was kontingent (losgelassen, abschweifend) und
was strukturell (konstruktiv) absolut unverzichtbar für
die sinnhafte Lektüre einer gängigen Geschichte ist. [ex
tempore: Dazu Julien Gracq, der Flaubert bis auf die

Madame Bovary nicht mag, in *Lesend schreiben*: »Was man zu Unrecht als Komposition des Romans bezeichnet und wofür der Ausdruck inneres Gleichgewicht ausreichen würde, das sucht und erzeugt ein Romancier wie Flaubert, scheint uns, immer innerhalb eines bereits abgesteckten und nicht mehr erweiterbaren Raumes, in dem jedes neue Gleichgewicht durch Subtraktion entsteht und jedes zusätzliche Element den Abwurf von Ballast in irgendeinem anderen Sektor erfordert.« Hingegen Balzac, den ich, ein arges Versäumnis, kaum kenne: »Alle seine (narrativen) Probleme drängen ihn zu einer Dehnung des Stoffs, alle seine Schwierigkeiten sind Aufforderungen zur Weitschweifigkeit. Das Gleichgewicht (…) verlässt sich bei ihm letztlich nicht auf knausriges Wegstreichen, sondern auf großzügiges Weiterschreiben.«]

Womit wir, an der Schwelle zur Moderne, 1885, schon bei einer der zentralen – nicht nur erzähltheoretischen – Fragen der Moderne gelandet wären, die zahlreiche andere Fragen nach sich zieht, bzw. aus solchen Fragen selbst resultiert, politischen, geschichtsphilosophischen, ästhetischen, die Möglichkeiten der Darstellung des Wirklichen betreffend, der delikaten Beziehungen, die zwischen den Dingen und ihrer Prä- und Repräsentation bestehen, der Syntax der Welt und der eines Textes, Wesen und Erscheinung (old school), Aussagepraktiken und Subjektkonstituierung, Wahrnehmung und Sprache, Struktur und Sinn, gesellschaftlichem Feld und Wunschproduktion – um einige dieser – zugegeben leidlich globalen – Wechselseitigkeiten zu nennen. Die zum Gegenstand des Nachdenkens zu machen, man sollte und müsste, allerdings bin ich mit meinem Helden, mit Huckleberry, überhaupt noch nicht zu Ende; jedoch scheint das mäandernde Prinzip des Romans im Augenblick von der Vorlesung Besitz ergriffen zu haben, weshalb ich jetzt nicht umhin komme, die Rewind-Taste zu drücken. Es ging um den Inhalt der *Adventures* und darum, in meinem Kopf wenigstens, von der Auffächerung dieses Inhalts zu der Formulierung überzuleiten, die auf einem der neben dem Computer liegenden Blätter steht: ›Huckleberry als Artist des Realen‹. Mmhh. Ich vermute, ich muss Luft holen und neu ansetzen, zumal mich auf einem anderen Blatt, orange geschrieben und umkreist, das Wort ›Peripherie‹ anleuchtet. Dahin will ich eigentlich, das scheint mir, auch prospektiv, für die Literatur des 20. Jahrhunderts, einer der Kernbegriffe zu sein. Das Reale und die Peripherie. Schon zwei. Das Reale und die Peripherie, die Ränder von Code und Territorium.

Instant Karma

»Eine der süßesten Früchte des Sieges,
gleich nach dem Ausschlafen und dem Plündern,
muss die Gelegenheit sein, Parkverbote zu missachten.«
Thomas Pynchon, *Die Enden der Parabel*

Stichworte und mögliche Gliederungspunkte, umkreist, unterstrichen, mit Pfeilen versehen, Ausrufe- und Fragezeichen, Verbindungslinien, orange und blau markiert (wobei orange in meiner Privat-Farbenlehre ein Spur gewichtiger ist als blau), auf verschiedenen, mit Hilfe von Büroklammern stufenförmig zusammengehefteten Blättern – so stellt sich dar, was während und nach der Lektüre der *Adventures of Huckleberry Finn*, der ersten nach längerer Zeit, obwohl man das Buch – wie die *Ethik* Spinozas – eigentlich regelmäßig, vielleicht einmal im Jahr, lesen sollte, um sich an die Größe und Schönheit des Lebens und der Literatur erinnern zu lassen –, so also stellt sich dar (in einer vorläufigen, eher flüchtigen Ordnung, der man beim Ausarbeiten, beim Schreiben, eine gewisse Kohärenz zu geben hofft), was einem an der Geschichte unter anderem wesentlich erschien, ein Mäandern der Handlung, wie ich in der letzten Vorlesung sagte, das ihre Nacherzählung nicht ganz einfach macht, und darüber hinaus einige jener Punkte, mit denen ich aufgehört hatte, Peripherie, Hucks artistischer Umgang mit dem Realen, dazu dann noch ›Ahnung haben‹ und der Name ›Thoreau‹. Unter letzterem (Henry David Thoreau, der Autor von *Walden* und *Civil Disobedience*, dt. *Über die Pflicht zum Ungehorsam gegen den Staat*) ein Zitat, das im Folgenden keinen Platz mehr finden wird, weshalb ich es jetzt schnell loswerde: »In einem Staat, der seine Bürger willkürlich einsperrt, ist es eine Ehre für einen Mann, im Gefängnis zu sitzen (…) der einzige Platz in einem Sklavenstaat, in dem sich ein freier Mann in Ehren aufhalten kann.«

Nicht nur als Theoretiker des zivilen Ungehorsams und entschiedener Gegner der Sklaverei gehört Thoreau zu den großen Unangepassten Amerikas – der Essay *Civil Disobedience* wurde 1849 veröffentlicht –, sondern als jemand, der die radikale Verantwortung des Einzelnen für sich proklamierte, das uneinschränkbare Recht auf individuelle Autonomie, was für ihn zugleich hieß, Verantwortung zu tragen für die Freiheit der Mitbürger, die ein Staat (Thoreau: jeder Staat), vor allem aber einer, der Partei ist, nicht zu garantieren vermag. »Das Gesetz«, heißt es in seinem berühmten Essay, »hat die Menschen nicht um ein Jota gerechter gemacht; gerade durch ihren Respekt vor ihm werden auch die Wohlgesinnten jeden Tag zu Handlangern des Unrechts.« Eines Unrechts, könnte man ergänzen, das von den meisten oft gar nicht als solches wahrgenommen wird, wie im Fall der Sklaverei – erinnern Sie sich an die Aufzeichnungen Mark Twains –, als die »ganze Gesellschaft in der Unantastbarkeit des Sklavenbesitzes« übereinstimmte. Auch Huckleberry, der sich in seinem Alltag zwanglos unter den Schwarzen von St. Petersburg bewegt, mit vielen befreundet ist, auch ihm kommt es nicht im Entferntesten in den Sinn, ihnen Gleichheit zu attestieren, sie anders zu betrachten denn als Verfügungsmasse der Weißen, auf Gedeih und Verderb dem (zuvörderst ökonomischen) Belieben ihrer Herren und Herrinnen ausgesetzt. Dem von Miss Watson etwa, die Jim, einen ihrer Sklaven, für 800 $ zu verkaufen gedenkt – mit den bekannten Konsequenzen (der Trennung von seiner Frau und seinen Kindern, einer taubstummen Tochter), was allein – als reichte das nicht aus – ihn zur Flucht treibt. (Im industrialisierten Norden würde er, wenigstens verfassungsrechtlich, über sich selbst als Anbieter bzw. Verkäufer der Ware Arbeitskraft verfügen, ein im zur Rede stehenden Kontext kaum zu ermessender zivilisatorischer Fortschritt.)

Erster Zufluchtsort für Jim ist eine unbewohnte Mississippi-Insel, auf der er – ungeübt im Jagen und Fischen – mehr schlecht als recht ausharrt, bis Huck ihn dort aufstöbert. Der, mit allen Wassern der Überlebenskunst gewaschen, hatte sich die Insel erwählt, um vor den Nachforschungen infolge seines eigenen Verschwindens sicher zu sein, man sucht ihn (seine Leiche), weil man das Schlimmste befürchtet, einen Raubmord, auf den starke Indizien hindeuten: eine blutbeschmierte Axt, an der zudem Haare kleben, Schleifspuren von der Hütte zum Fluss, zerstreutes Mehl, als hätten die Täter (oder ein einzelner) die Vorräte mitgehen lassen, die von Hucks Vater in bewusster Hütte gebunkert worden waren. Was unschwer nachvollziehbar wie ein Verbrechen aussieht, ist jedoch nichts als eine gewiefte Inszenierung Huckleberrys, der in seinem Pragmatismus aus Erfahrung darauf baut, dass man die Suche einstellen wird, wenn man ihn, oder seinen Leichnam, in den nächsten Tagen nicht findet – man nähme an, der Mississippi habe ihn verschlungen. Weil … die Lage war nämlich so: Der Trunkenbold von Vater, dem das eigen Fleisch und Blut sonst herzlich egal war, hatte Huck in dem Glauben aus dem Haus der Witwe entführt, sich über seinen Sohn – die patrilineare Gewalt über ihn – auch des Schatzes von 6000 $ bemächtigen zu können, die der Friedensrichter von St. Petersburg treuhänderisch für den Jungen verwahrte, ein aus dem vorangegangenen Roman in die neuen *Adventures* expedierter MacGuffin, der im weiteren Verlauf der Geschichte – nach der Definition Alfred Hitchcocks, denken Sie an die unterschlagenen 40 000 $ in *Psycho* – nicht mehr die geringste Rolle spielt und nur den Zweck hat, auf den ersten Seiten einen Vorwand zu liefern für Huckleberrys Entführung samt seiner sich anschließenden Flucht.

Kleine Fluchten – heimlich im Wald statt im Bett zu schlafen – hatte er sich zur Abmilderung des Manierlichkeits-Dauerdruck-Kommandos, das unterm Dach der Witwe Douglas herrschte, immer wieder erlaubt, als er es einmal gar nicht mehr aushielt, spürt ihn Tom Sawyer in seinem Zuckerfass in den – logisch – alten bequemen Klamotten auf und überredet ihn, wieder »respectable« zu werden. Denn »er sagte, er wolle eine Bande gründen, und ich könnte mitmachen, wenn ich zur Witwe zurückkehren würde (…) also ging ich zurück.« [ex tempore: Tom trägt Züge eines jugendlichen Don Quixote, der die Welt literarisiert, sie phantasmatisch auflädt, um in ihr das Geschehen seiner Bücher/Groschenromane nachzustellen, quixoteskes reenactment, das Huckleberry im Grunde am fadenscheinigen Hosenboden vorbeigeht, er aber aus Freundschaft zu Tom bereitwillig mitmacht.]

»Respectable« werden, eine potentielle Respektabilität durch entsprechende Erziehungs- und Selbstzuchtmaßnahmen in jene reale verwandeln, die durch die Tatsache seines plötzlichen Reichtums quasi naturhaft angelegt ist, als die gesittete äußere Hülle der »middle Station of Mankind«, das erzeugt – wie wir aus Hucks Mund gehört haben – aktuelles Leiden, das die Privilegien, die sich daraus vielleicht später ergeben, in keiner Weise aufwiegen, die Verbindung des einen zum anderen ist bei ihm durchtrennt, bzw. existierte nie, so leger, wie er für sich lebte, ohne Familie, das heißt, in größtmöglicher Unabhängigkeit von den sozialen Gepflogenheiten, den Verhaltensstandards einer US-amerikanischen Kleinstadt des 19. Jahrhunderts. Insofern hat die Entführung (aus dem properen Douglas'schen Heim in eine kleine Blockhütte auf festgestampfter Erde ein paar Meilen stromaufwärts) zumindest zwei Seiten, die es praktisch zu vergleichen gilt, Vor- und

Nachteile: »Es war irgendwie gemütlich, den ganzen Tag zu faulenzen, zu rauchen und zu angeln, ohne Bücher oder Büffeln. Zwei Monate oder mehr vergingen, und meine Sachen waren wieder völlig verlumpt und schmutzig (got to be all rags and dirt), und ich konnte nicht mehr verstehen, wieso es mir bei der Witwe je gefallen konnte, wo man sich waschen und kämmen musste, vom Teller essen und pünktlich ins Bett gehen und wieder aufstehen (…) und dazu noch die olle Miss Watson, die die ganze Zeit auf einem rumhackte. Da wollte ich nicht mehr hin. Ich hatte mit Fluchen aufgehört, weil die Witwe es nicht mochte. Aber jetzt fing ich wieder an, weil mein Alter nichts dagegen hatte. Alles in allem war es gar nicht so übel da oben im Wald (It was pretty good times up in the woods there, take it all around).«

Die Nachteile des Zusammenseins auf engem Raum mit einem harten Trinker sind allerdings nicht zu leugnen: »Nach und nach übertrieb es Pa mit dem Stock (…) ich hatte überall Striemen. Er ging auch immer öfter weg und schloss mich ein. Einmal blieb er drei Tage am Stück weg. Es war grauenhaft einsam. Ich dachte, er ist ertrunken und ich komme hier nie mehr raus.« Als der Vater auch noch im Delirium mit einem Messer auf den Sohn losgeht, weil er ihn für »den Todesengel« hält (»calling me the Angel of Death«), ist für Huck dann doch der Punkt erreicht, seiner Gefangenschaft zu entfliehen. Ein Sack voller Steine, mit dem er eine Schleifspur von der Hütte zum Ufer zieht, Schweineblut und ausgerissene Haare an einer Axtklinge, eine zertrümmerte Eingangstüre, die Vorräte und das Gewehr verschwunden (er packt alles in sein Kanu), während »Pap« auf Sauftour in der Stadt ist – kunstfertiger kann man einen vermeintlichen Tatort nicht herrichten, einen Imaginationsraum schaffen, in dem das Reale durch ein bestimmtes Arrangement zu einem Verweissystem von Zeichen wird, das der Wirklichkeit eine Geschichte unterschiebt, Abläufe evoziert, die nie stattgefunden haben, eine in Szene gesetzte Augenscheinlichkeit, die so sehr, so plastisch – »clare et distincte« offenbar – für sich selbst spricht, wie sie darin trügt; was der Bemerkung Lacans von der Realität als der Grimasse des Realen (über die man lachen oder vor der man erschrecken kann) jedenfalls in diesem Kontext schlagende Beweiskraft verleiht, es sei denn, man verfügte über Blick und Hirn von Sherlock Holmes oder wäre Agent einer paranoischen Maschine, eines Apparats aus Misstrauen und Verdacht, dem noch die evidenteste Evidenz zum Ausdruck eines zu entlarvenden Betrugsmanövers gerinnt.

Aber nicht Betrug, sondern Bluff, eine Art von Kriegslist ist es, der sich Huck bedient, als er die falsche Fährte seines Todes auslegt, weniger Feldherr in Uniform als Partisan in »rags and dirt«, der – nur mit dem Talent zu flunkern bewaffnet – sich wachen Sinnes durch die feindlichen Linien schlängeln wird, seinen Gegnern (ihrer verlogenen Sentimentalität) narrative Stiche beibringend, die sie lange genug außer Gefecht setzen, um sich wieder aus dem Staub zu machen.* Flüchten, Wegkommen, die Riemen reißen lassen wie in einem Aphorismus Kafkas, bei dem das Wichtigste nicht die Zugmittel sind, weder Spezies noch Menge – die letzten Endes bloß das Tempo vorgibt –, als vielmehr die Befreiung vom Angebunden-Sein, wenn man schon das Hindernis selbst, die Zentnerlast einer fixierenden Macht, nicht zerstören oder beseitigen kann: »Je mehr Pferde du anspannst, desto rascher geht's – nämlich nicht das Ausreißen des Blocks aus dem Fundament, was unmöglich ist, aber das Zerreißen der Riemen und damit die leere fröhliche Fahrt.«

Hatte die väterliche Entführung seine Fesselung im Hausstand der Witwe und ihrer Schwester bereits gekappt (ohne dass eine Entscheidung nötig gewesen wäre, force majeure sozusagen), so schneidet die Vortäuschung eines Verbrechens, der eigenen Ermordung, jeglichen Bezug zu Huckleberrys bisherigem Leben restlos ab, und zwar vorsätzlich, ihn für die Welt der ›Sivilization‹ in einen Geist verwandelnd, ein irrlichterndes Gespenst, als das er dem armen Jim auf der Insel zunächst auch erscheint. [ex tempore: Brücken hinter sich abbrechen, die Schiffe verbrennen, nur aus diametral entgegengesetzten Motiven, Huck einer – der erste – der großen Konquistadoren des Offenen, deren Antrieb keiner Größenphantasien oder illusionärer Ansprüche (Gold, Herrschaft) bedarf. »Die leere fröhliche Fahrt.« A part: Nicht leer, nicht fröhlich, aber aufsehenerregend die

---

* »Float like a butterfly, sting like a bee.« (Muhammad Ali)

Floß-/Flussfahrt in *River of No Return*, mit M. Monroe
und R. Mitchum, R: O. Preminger, USA '54; Familien-
bande/zu bezwingende Natur vs. Freundschaft/Natur
als prozessuale Bedingung.]

Als Huck an seinem Lagerfeuer auftaucht, fällt Jim
auf die Knie und sagt: »Ich hab Tote immer gern gehabt und alles für sie getan, was ich konnte. Du gehst
jetzt wieder innen Fluss zurück, wo du hingehörst, und
tust dem alten Jim nichts, der immer dein Freund gewesen ist. (You go en git in de river agin, whah you
b'longs, en doan' do 'nuffin to Ole Jim, 'at 'uz awluz yo'
fren').« Doch mitnichten und von wegen, tot und zurück in den Fluss, das Gespenst ist lebendig wie je, und
nachdem die beiden sich ihre Fluchtgeschichten erzählt
haben, machen sie sich gemeinsam auf, jenes rettende
Ufer zu erreichen, das sowohl Jim als auch Huck ein
Dasein ohne Ketten ermöglichen würde. Auch wenn
Jims Ketten aus anderem Material und von anderer Beschaffenheit sind als die Huckleberrys, decken sich ihre
Vorhaben, ihre Pläne, gleichwohl darin, einem – zumal rassistischen – Paternalismus zu entkommen, der
hier das Bürgerrecht eines Nachnamens kategorisch verweigert, um dort auf einen solchen – ebenso kategorisch – zu verpflichten, aufs autokratische Gesetz des
Vaters,* dessen Verfügungsgewalt über den Einzelnen

---

* Für die verspäteten italienischen/sardischen Verhältnisse geschildert in *Padre Padrone*, Roman von Gavino Ledda, 1975,
  bzw. gleichnamiger Film der Brüder Taviani, 1977.

durch keine Institution begrenzt wird. Allein der Tod ist imstande, diese Unterwerfungssituation ein für alle Mal aufzuheben, Zugriffe physisch unmöglich zu machen, inwiefern die Option, sich in einen Geist, einen Ermordeten zu verwandeln, gar nicht so fern liegt, will man nicht selbst zum Mörder werden, um sich vom Vater, seinem Namen und den damit verbundenen, allumfassenden Restriktionen zu befreien.

Nicht wenige der biographischen Legenden, die Huckleberry gegenüber Zufallsbekanntschaften zum Besten gibt, stellen ihn denn auch als Waise vor, was einerseits seiner bewährten Mitleidsnummer, andererseits – im Großen und Ganzen – der Wahrheit seines Lebens entspricht, schließlich wäre er ohne die 6000 $ nie von »Pap« (oder der Witwe oder sonst jemandem) behelligt worden. Der Wahrheit seines Lebens als *Außenseiter der Gesellschaft* [ex tempore: Der Roman (Originaltitel *Roper's Row*, 1929) von Warwick Deeping im Krefelder Bücherschrank, neben *Hauptmann Sorrell und sein Sohn*, 1927.], der keine Angehörigen hat, keinen Besitz und weder dies noch jenes vermisst. Zu keinem Zeitpunkt empfindet er einen Mangel an etwas, ein Fehlen von finanziellen oder sozialen Sicherheiten, Furcht und Hoffnung sind ihm – als auf die Zukunft bezogen – gänzlich fremde Affektzustände. [ex tempore: Auf dem Grabstein von Kazantzakis steht: »Ich erhoffe nichts. Ich fürchte nichts. Ich bin frei.« Und Pavese lässt eine Figur in *Der Teufel auf den Hügeln* sagen: »Es ist schön, aufzuwachen und sich keine Illusionen zu machen (…) man fühlt sich frei und verantwortlich.« Die vergebliche Suche nach dem Zitat in *Der schöne Sommer, Das Handwerk des Lebens*, bis Google (eben) weiterhalf; an das Buch selbst habe ich außer diesem Satz so gut wie keine Erinnerung mehr. Die Antonioni-Verfilmung von *Die einsamen Frauen*, 1955.]

Ein verlorener Sohn (auch er), den aber keinerlei Verlustängste plagen, keine Gedanken beschweren, wo er in den nächsten Monaten oder Jahren landen könnte (als was und wie), in seiner ›Verlorenheit‹ so frei und unangreifbar wie kaum eine andere Gestalt der modernen Literatur. Wenn irgendetwas für Huck kein Problem ist, dann die Nicht-Existenz von Eltern (-paar, -matrix, -haus), einer Familie, in der er abhängig wäre von der Barmherzigkeit eines selbstherrlichen Vaters und der – immer hilflosen – Fürsorge einer der väterlichen Macht beigeordneten Mutter. [ex tempore: Zur Fragwürdigkeit der Vaterposition als solcher das alte Rechtssprichwort: »Nur die Mutter allein weiß es«, heute obsolet durch Leihmütter, Ei- und Samenspende, DNA-Tests etc.] Er kennt die traurigen Leidenschaften nicht, die die Schuld hervorruft, das Prinzip eines – familialen oder religiösen – In-der-Schuld-Stehens, Schuldig-geworden-Seins (ohne eigenes Zutun), auf dem alle Zwangsgemeinschaften beruhen: Unterbau ihrer Hierarchien wie Schaltzentrale von Geistlichen, Richtern, Psychoanalytikern als den Ingenieuren eines unauflöslich schlechten Gewissens und forcierter Reuegefühle.

Deren einträglicher Beruf es nämlich ist, die Menschen von ihren Vermögen zu trennen, sie mit Traurigkeit zu erfüllen statt mit Freude, Trübsinn ob imaginärer Sünden (nie zu tilgende Erblasten und -schaften) in jedes Herz zu pflanzen. Sich zu unfehlbaren Herren der Diagnose, des Urteils und der Beschwörung eingebildeter Himmel aufwerfend, entscheiden sie über das, was als gut, und das, was als böse zu gelten habe, und obendrein noch, welche therapeutischen Verfahren anzuwenden seien, um Letzteres in Ersteres zurückzuverwandeln; sei es durch Kasteiungen des Körpers, sei es durch solche der Seele, für die in erschöpfender Detailarbeit über die Jahrhunderte ein gewaltiges, ein luziferisches Arsenal von Regulations-Methoden ersonnen wurde – und in wissenschaftlicher Verpackung bis zum heutigen Tag unablässig ersonnen wird.

Traurigkeit statt Freude, statt seiner Steigerung eine Minderung des menschlichen Tätigkeitsvermögens, die den bedrückendsten, den schädlichsten Affekten überreiche Gelegenheit bietet, uns gefangenzunehmen. Den Kategorien »von Gut und Böse, von Verstoß und Verdienst, Sünde und Erlösung«* entsprungen, vergiften sie das Leben wie nichts anderes, machen es zu einem »Schein-Leben«, das sich aus ihrer Verkettung heraus entwickelt, einer »schrecklichen Verkettung der trübsinnigen Leidenschaften«, wie sie Spinoza in seiner *Ethik*, von Freunden 1677 posthum veröffentlicht, Paragraph für Paragraph aufdeckt. Nach dem Modell einer geome-

---

* G. Deleuze, *Spinoza. Praktische Philosophie,* S. 38.

trischen Elementenlehre verfasst (deshalb der Untertitel: *ordine geometrico demonstrata*), verdeutlicht er darin in systematisierter Form, was es heißt und welche – affektiven – Konsequenzen es hat, der Unlust, einer von falschen Propheten und kalten Administratoren induzierten Freudlosigkeit, zu erliegen. Als Linsenschleifer auf maximale Sehschärfe geeicht, setzt Spinoza (1632 geboren) die Lupe an, um seinen Lesern den abschüssigen Weg zu zeigen, auf den man gerät, hat man ihr einmal zu folgen begonnen, »zuerst der Unlust selbst« und sodann mit unausweichlicher Verbitterung »dem Hass, der Abneigung, dem Hohn, der Furcht, der Verzweiflung, dem Gewissensbiss, dem Mitleid, der Entrüstung, der Demut, der Reue, der Niederträchtigkeit, dem Leid, dem Zorn, der Rache, der Grausamkeit. Seine Analyse geht so weit, dass er den Keim der Unlust sogar in der Hoffnung* und in der Sicherheit wiederzufinden vermag, was ausreicht, um daraus Gefühle von Sklaven zu machen.«

Zu Recht ließe sich die *Ethik* als Kampf gegen die Selbst-Versklavung durchs Ressentiment verstehen, gegen den »Ressentiment-Menschen, für den alles Glück eine Beleidigung ist und der seine einzige Leidenschaft

---

* »Je mehr wir daher streben, nach der Leitung der Vernunft zu leben, desto mehr suchen wir, von der Hoffnung unabhängig zu sein, von der Furcht uns zu befreien, das Schicksal – soviel wir vermögen – zu beherrschen und unsere Handlungen nach der sicheren Weisung der Vernunft zu regeln.« Spinoza, *Ethik*, IV, Lehrsatz 47, Anm.

aus Not und Unvermögen bezieht«, ein programmatisches Gefecht gegen die Entwertung und Verfälschung des Lebens durch unzulänglich erkannte, dem Subjekt höchst abträgliche Gefühlsregungen und Begierden, unter denen das Streben nach Besitz und der Aberglaube in ganz spezieller Weise wirksam sind. Nicht nur, weil die, wie es Spinoza ausdrückt, »die am glühendsten bereit sind, alle Arten von Aberglauben anzunehmen, (…) auch nicht verhehlen (können), diejenigen zu sein, die am unmäßigsten die äußerlichen Güter ersehnen«, sondern gleichfalls, weil der Aberglaube – und damit meint er jeden Glauben, jede Form der Transzendenz – den Tyrannen in die Hände spielt, sie mit seiner Hilfe, dem Beistand religiöser Dogmen und närrischer Jenseits-Versprechungen/Drohungen, allein die Unlust der Einzelnen befördern, sie also an der Erkenntnis dessen hindern, was ihre, was Freiheit überhaupt wäre.

Und davon gibt es leider mehr als genug, zu Spinozas (und Mark Twains) Zeiten wie noch in der Gegenwart, so viele Tyrannenanwärter oder willfährige Diener eines opportunistischen Konsenses, »die ihre Macht nur auf Traurigkeit und Kummer, auf die Minderung des Vermögens anderer, auf die Verdunkelung der Welt gründen können: Sie tun so, als ob die Traurigkeit ein Versprechen von Freude und schon durch sich selbst Freude wäre. Sie begründen den Kult der Traurigkeit, der Knechtschaft oder der Ohnmacht, den Kult des Todes. Fortwährend senden sie Zeichen der Traurigkeit, die sie als Ideale und Freuden der von ihnen

krank gemachten Seelen präsentieren. So etwa das teuf-
lische Paar, Despot und Priester, schreckliche ›Richter‹
des Lebens.«*

Wie heiter, wie entkolonialisiert, wie gelöst und frei
von jedem Trübsinn sind dagegen Huck und Jim auf ihrem Floß, Pfeife schmauchend, Füße im Wasser, sich
von der Strömung in die Zukunft treiben lassend. Zwei
Entronnene in einer reinen und schlichten brüderlichen
Beziehung ohne väterliches Gesetz, Gesellschaft der Brüder (und Schwestern) als neuer Universalität, die keine
Abstammungslinien, keine abstrakten Verpflichtungen,
keine Ideen von endloser Schuld und endlosem Vor-
recht mehr durchkreuzen. Nicht mehr in Segmente mit
unüberwindlichen Grenzen eingeborener Sohn, nicht
mehr Tochter, Sklave oder Herr, sondern Thoreau'sche
Menschen, die ein Freundschafts-Bündnis anstelle von
Blutsverwandtschaft und sozialer Willkür zusammen-
bindet. Die ihre Vermögen entfalten können, weil die
Leidenschaften der Unlust, unnützer Sorgen, von Be-
sitzstreben und Glauben sich in einer Atmosphäre der
Immanenz, spinozistischer Immanenz, egalitärer Ge-
schwisterlichkeit, wie von selbst verflüchtigt haben werden: »No hell below us, above us only sky.«

Obwohl große Romane nichts beweisen wollen und
ihre Autoren sie nicht schreiben als Beweis für irgend-
was, führen uns die *Adventures of Huckleberry Finn* ge-

---

* G. Deleuze, Spinoza und die drei »Ethiken«, in: *Kritik und Klinik,* S. 196.

radezu exemplarisch vor Augen, wie die traurigen Affekte und eine despotische Ordnung sich verschränken und bedingen, um nicht zu sagen, aufeinander angewiesen sind, das Mikro- und das Makropolitische, mit dem seltsamen, aber allzu häufig zu beobachtenden Resultat, »dass sie (die Beherrschten) für ihre Knechtschaft kämpfen, als handele es sich um ihr Heil«. (Spinoza) Als ob die Niedertracht der Tyrannen, »die Verdunklung der Welt«, sich fortsetzen und verstärken würde in der Schäbigkeit des Umgangs der sogenannten kleinen Leute mit sich selbst und denen, die noch schwächer sind, gefügige Vollstrecker der Macht bis ins letzte Glied. Eine irrwitzige Gesellschaft, die nur aus »kranken Seelen« zu bestehen scheint, aus Halsstarrigkeit und Ignoranz dem Elementarsten gegenüber, der eigenen Freiheit; die unverzichtbar die Freiheit der anderen, aller anderen, einschließt (Thoreau), was für die meisten weißen Menschen, denen wir in diesem ungeheuren Buch begegnen, in Herrenhäusern und Bretterbuden, ein nicht zu ertragender Gedanke gewesen sein muss.

Eine Galerie von Charakteren, eine Galerie von Haltungen und Leidenschaften, die von geringer Vollkommenheit im Sinn und in der Begrifflichkeit Spinozas zeugen, von nichts als Tristitia, Unlust und deren unschönen, aber zwangsläufigen Folgen – Habgier und Rachsucht, Zorn, Neid und Grausamkeit. Individuelle Affekte und ihre kollektiven Auswirkungen, die – Panorama und Pandämonium in einem – mit der Fließgeschwindigkeit des Mississippi an uns vorbeiziehen, sich aufreihen als Lehrstunden in Sachen Idiotie und Verblendung in den Kapiteln (Anlegestellen) einer river novel, eines Bewegungs-Buches, dessen lose horizontale Struktur das nahezu perfekte Erzählgerüst für diese Art Anschauungsunterricht stiftet. [ex tempore: Nahezu, weil das Ende des Romans die Fluss-/Fluchtbahn verlässt und statisch wird.] Als Organisationsform eines Stoffes, der sich (Überschwemmung, reißende Fluten) aus Kürzest-Begebenheiten zusammensetzt wie aus mäandernden Binnennarrationen (das epische Ausmaß des Stromes selbst), insbesondere aus zwei den Fortgang der Reise über Dutzende Seiten hin verzögernden Groß-Schlaufen, deren eine die tödliche Fehde zwischen den Grangerfords und den Shepherdsons und deren andere die Geschichte vom Herzog und vom König ist, die sich vor einer empörten, sie jagenden Menge auf Huck und Jims Floß retten können.

Wie sie wirklich heißen, erfährt man nicht, sie behaupten, adliger Herkunft zu sein, sind aber nur ein Paar abgefeimter Betrüger und Hochstapler, die mal als dilettierende Schauspieler mit der Balkonszene aus *Romeo und Julia* auftreten, mal Zaubertränke verhökern, dann als Prediger um Spenden für die Bekehrung von Heiden flehen, um sich schließlich, in einer breit angelegten Intrige, als Erbschleicher zu versuchen. [ex tempore: Die Szene, in der sie geteert und gefedert werden, eine der gruseligsten, die ich damals, als vielleicht Elfjähriger, gelesen habe, auch heute noch, die Fackeln, das

Gegröle des Pöbels, die Delinquenten rittlings auf einem Balken sitzend.]

Die Unlust ist ihre Geschäftsgrundlage, das von Klassendünkel und Rassenhass verschattete Territorium des Südens das natürliche Milieu ihrer Beutezüge. Ihre Faxen und Verrenkungen, beim Theaterspiel oder beim Predigen (Huckleberry: »Er brach in Tränen aus, und alle anderen mit ihm.«), korrespondieren auf unheimliche Weise mit der Grimasse einer Realität, einer sozialen Oberfläche, die das Reale der Dinge teils verzerrt oder maskiert, teils kaum verstellt zum Ausdruck bringt – das Farcenhafte, substantiell Verlogene eines Systems der Gewalt und des Ressentiments. Dass die beiden, Herzog und König, völlig ungeniert ihre Opfer abkochen, versteht sich, dass wir damit lange keine Schwierigkeiten haben, entspricht unserer Abneigung gegen Verhältnisse, von deren Exklusionsmechanismen noch die Ärmsten profitieren, sofern sie nur die richtige Hautfarbe haben und nicht vom Hauch eines Zweifels angeweht wurden.

Die Schwierigkeiten beginnen, als sie Huckleberry für ihre Aktivitäten einspannen, ihn zum Komplizen machen wollen, um an besagte Erbschaft zu kommen. Hatten er und Jim ihre Gaunereien die längste Zeit achselzuckend hingenommen, nicht empört, sondern eher erstaunt darüber, wie leicht sich die Hinterwäldler die Dollar aus der Tasche ziehen lassen, steckt der skrupellose Betrug an Kindern (den schon verwaisten Nichten des Verstorbenen) die Grenze ab, die Huck zum Einschreiten bewegt. Ganz pragmatisch denkt er sein Problem durch: »Ich sagte mir, einer, der in einer peinlichen Lage aufsteht und die Wahrheit sagt, geht ein ziemliches Risiko ein, auch wenn ich damit keine Erfahrungen habe und es nicht sicher weiß (…). Aber hier sieht's für mich verdammt so aus, dass ich mit der Wahrheit besser oder sogar sicherer fahre als mit ner Lüge. Ich muss das im Kopf behalten und ein anderes Mal darüber nachdenken, it's so kind of strange and unregular.« Das sich hinter dem »strange and unregular« verbergende moralische Dilemma – die mit einem persönlichen Risiko verhaftete Wahrheit sagen oder jemanden ins Unglück stürzen – ähnelt dem, das ihm zu schaffen machte, als es um den Verrat an Jim ging – den Freund nicht zu verraten und stattdessen zu decken war genau so ein Verbrechen, wie es jetzt eines wäre, die Wahrheit zu verschweigen, mit dem Unterschied, dass die Lüge Jim rettet, während sie die Nichten um ihr Geld bringen würde. Für uns ist die Sache klar, Huck hingegen muss sich erst orientieren, Vor- und Nachteile abwägen, um in einer von Anomalien, von höllischer Diskriminierung (Codierung) geprägten Gesellschaft zu einem für ihn wie für die Betroffenen zufriedenstellenden Urteil zu kommen. Einem Urteil außerhalb des Gesetzes, nach Kriterien, die kasuistisch zu entwickeln sind und als Richtschnur einen Begriff von Gerechtigkeit haben, der Huckleberrys unmittelbares Erleben reflektiert und kein seelenloses Prinzip.

Nicht die Frage, was gut und böse sei, die Frage von Richtern und Priestern, ist für ihn zu beantworten, als vielmehr die nach gut und schlecht, danach, was die Vermögen eines Menschen mindert und was sie steigert, was ihnen – unabhängig von jeder Vorschrift – schädlich und was ihnen förderlich ist. Was also zur Verdunkelung der Welt beiträgt und was sie auf der anderen Seite erhellt, sie über sich selbst aufklärt und ihr das Licht einer universalen Brüder-/Schwesterlichkeit schenkt, nicht zuletzt auch deswegen, weil es sich allein so vermeiden lässt, zum »Handlanger des Unrechts« zu werden, zu einem von denen, die »den Kult der Traurigkeit, der Knechtschaft oder der Ohnmacht« weitertragen, »den Kult des Todes«.

Es sind keine hehren Ideale, woher auch immer, die Huck davor bewahren, zum Verräter oder Scheusal zu werden (zumal Ideale und ›herrschende Meinung‹ oft eine intime Beziehung pflegen), es ist seine alltägliche, noch nicht durch irgendwelche Doktrinen ausgefilterte Erfahrung, anhand der er Sein und Sollen abgleicht, prüft, ob Handlungsalternativen – grundsätzlich – das Glück (die Freude) oder das Unglück (die Traurigkeit) derjenigen erhöhen, die mit ihren Folgen leben müssen. Wozu es manchmal nötig ist, gegen Gesetze zu verstoßen oder Ängste zu ignorieren, mag das zeitweilig auch Gewissensqualen (die Qualen eines deformierten, von der ›herrschenden Meinung‹ doch befleckten Gewissens) oder Gefährdungen der eigenen Sicherheit heraufbeschwören. [ex tempore: Dass Huck sich in Mary Jane, eine der Nichten, verguckt hat, erleichtert es ihm, dem Mädchen die Intrige zu enthüllen.]

Sich an Erfahrungen zu halten, an das, wovon man Ahnung hat, verbunden mit einer ungebrochenen Kraft zum Staunen und Vertrauen-Schenken, bedeutet keineswegs – wie bereits gesagt –, begriffsstutzig auf der Ebene der bloßen Empirie eingeschlossen zu bleiben, schützt einen jedoch davor, sich auf den Ebenen des Imaginären wie des Symbolischen zu verfangen und falsche, das heißt ideologische Schlüsse zu ziehen, einem heuchlerischen Schwindel aufzusitzen, gegen den die gewöhnlichen Schwindeleien des Herzogs und des Königs zu vernachlässigende Bubenstücke sind. [ex tempore: Von Vorträgen über Enthaltsamkeit, mit denen sie nicht genug einnehmen, um sich betrinken zu können, über Tanzkurse, obwohl sie vom Tanzen »nicht mehr Ahnung als ein Känguruh« haben, Kurse in Redekunst (»aber sie kursierten nicht lange, da standen die Zuhörer auf und gaben ihnen mit heftigen Flüchen zu verstehen, dass es besser wäre, zu verschwinden«) bis hin zu »Missionieren und Mesmerismus und Quacksalberei und Wahrsagen und ein bisschen von allem (…). Aber irgendwie hatten sie kein Glück (…) und waren grauenhaft missmutig und verzagt (dreadful blue and desperate)«.]

Der heuchlerische Schwindel einer fassadären Welt – für die Mark Twain auch als Pamphletist (*The United States of Lyncherdom*) nur kämpferischen Spott übrig hatte, für die Räuberbarone und korrupten Politiker der amerikanischen Gründerjahre (*The Gilded Age*) –, eine Welt aus Realitätskulissen, hinter denen ein ruheloses

Reales lauert, das gebändigt und gezähmt werden muss, sollen die Dinge, die Mächte, nicht ins Wanken und dann ins Stürzen geraten. Eine Grimasse, ein Schwindel, eine Uneigentlichkeit, die andere – professionelle – Schwindler unwiderstehlich anzieht, um den Riss zu bespielen, der sich immer wieder auftut zwischen dem Förmlichen, der scheinhaften Solidität der Außenfronten, und dem – ungelebten – Leben auf ihren Rückseiten, all den Begierden und Wünschen und Sehnsüchten, die in der Regel zu verstecken bzw. abzuleugnen sind. Ein ideales Revier für Artisten des Betrugs und der Hochstapelei, für Identitäts-Jongleure (darin sind sich die beiden Halunken und Huckleberry gar nicht so unähnlich), deren Kunst hauptsächlich eines hervorragenden Gedächtnisses (da mangelt es bei Huck) und unerschöpflichen Einfallsreichtums bedarf (da kann er ohne weiteres mithalten). [ex tempore: Im US-Slang heißt es für con(fidence) man, Betrüger, denn auch folgerichtig con artist.] Doch während die einen die aufgeblasene Selbstgewissheit der Etablierten (der Weißen im Allgemeinen) trickreich ausnutzen, um an deren Bares zu kommen, dienen Huckleberrys verwegene Drahtseilakte einzig dem Zweck, die Flucht fortsetzen zu können, auf der Fluchtlinie zu bleiben, und das heißt, seine Erzählung nicht abreißen zu lassen. Nicht zu enden, bevor er und Jim nicht dort wären, wo sie hin wollen, an ihrem Wunsch-Ort, und das ist – wir wissen es – die Freiheit.

Wobei das Zentrale – nicht nur der *Adventures*, die strukturell darauf basieren – der Vorgang des Fliehens selbst ist, einer Los-Lösung oder Deterritorialisierung, »Zerreißen der Riemen und damit die leere fröhliche Fahrt«, die buchstäblich, aber nicht notwendig – denken Sie an das Paradox des reglosen Nomaden – das Verlassen eines realen Territoriums meint; real – und eben nicht phantasmatisch: das bildest du dir ein, du spinnst – in der Unausweichlichkeit seiner Codes und Limitierungen, durch Fesseln, die einem tief ins Fleisch schneiden, in den Körper, die die Seele umschlingen und krank machen. In der Mitte der Gesellschaft wie an ihren Rändern, an der sozialen Peripherie, besonders aber an jenen Stellen, die man als porös bezeichnen könnte, in den Worten Huckleberrys als »not sivilized«, voller Lecks, aus denen es heraustropft, das kleine dürftige Geheimnis. Für das Hipster und con man, Sklave und Verwaister, die Verrückten und – ästhetisch – Radikalen ihrer (einer jeden) Epoche ein untrügliches Gespür besitzen, für das Asynchrone, das so offensichtlich Irreguläre und Pomadige einer Macht, die sich im Gegenzug keine Millisekunde davor scheut, Fluchtlinien zu blockieren und mittels brutaler Praktiken die Unbotmäßigen, die Außenseiter – ihr Anderes – zu reterritorialisieren.* (Was die mitunter auch selber besorgen, Flucht vor der Flucht in die üblichen Totalitarismen.)

---

* Allen Ginsberg in *Howl*: »I saw the best minds of my generation (…) / who faded out in vast sordid movies, were shifted in / dreams, woke on a sudden Manhattan, and / (…) subsequently presented themselves on the / granite steps of the

Von der Peripherie, von Randzonen zu erzählen und dabei deren Perspektive einzunehmen, sich also einem verdrängten oder denunzierten Alltag zuzuwenden und die Un-Erhörten, die in die Stummheit Verbannten sprechen zu lassen, sprechend machen (was weder nachäffen bedeutet, noch sie in Objekte verwandeln, in Mitleidsgestalten, ›edle Wilde‹ oder gar ›Hoffnungsträger‹), scheint mir maßgebliche narrative Strategien der Moderne nicht ganz unzutreffend zu beschreiben, und Mark Twain einen ihrer Wegbereiter zu nennen, mehr als gerechtfertigt. Für wie wenig literaturfähig man Menschen wie Huck und Jim damals hielt, 1885, mag das Gutachten eines ›Concord (Massachusetts) Public Library committee‹ dokumentieren, in dem der Roman recht feinsinnig so beurteilt wird: »Trash (…) the whole book more suited to the slums than to intelligent, repectable people.« Was der Autor in einem Brief an seinen Verleger mit dem Satz kommentierte: »This will sell us another five thousand copies for sure!«

Ränder, Außenbezirke, wo die herrschenden Signifikanten ignoriert, umgedeutet oder unterwühlt werden. Slums der Literatur, von denen zu lesen einiges Unwohlsein hervorruft, weswegen man sie – wie dieses ›com-

---

madhouse with shaven heads / and harlequin speech of suicide, demanding in- / stantaneous lobotomy, / (…) and who were given instead the concrete void of insulin / Metrazol electricity hydrotherapy psycho- / therapy occupational therapy pingpong & / amnesia (…).«

mittee‹ – als roh, anstößig, unelegant ausweist. Gegen wen sich dergleichen Vorwürfe eigentlich richten, weiß man nie so genau, ob gegen die Fiktionen eines Kunstwerks oder die Verhältnisse selbst, die für »intelligent, respectable people«, die sie nur vom Hörensagen kennen (aus den Medien), durchaus roh, anstößig, unelegant wirken mögen. Und denen man folglich – wie ihrer Skizzierung – das abspricht, was man allein für sich behauptet, Würde, Manieren und pädagogischen Elan. Zivilisiertheit. Homogenität. Als sei die Wirklichkeit homogen und nicht buntscheckig, disparat, Hals über Kopf, eine veränderliche und sich ständig verändernde Mannigfaltigkeit verschiedenster Interessen und Dinge, Hort der Kontemplation und des Genusses für die einen, eine Versammlung von Katastrophen für die anderen. Nie idyllisch, nie naturhaft (*Stirb und werde* anstatt Blühen und Vergehen), sondern ein Prozess, dem – wie dem Gesellschaftlichen – so viel Kontingenz innewohnt wie er keinen Nullpunkt hat, keine Achse ewig konstanter Werte und Bedeutungen. Ungeachtet aller Versuche, die eigene Banlieue, Kronberg, Zehlendorf oder das 16. Arrondissement von Paris, zum Zentrum der Welt zu erklären, ist sie doch niemals mehr als eine bestens gesicherte Festung gegen die Kräfte der Flucht, die Fliehkräfte intensiver Bewegungen, die einbetonierte Muster zersprengen können und präzedenzlose (ex-zentrische) Wahrnehmungen und Gedanken zutage treten lassen. Eine umstürzlerische neue Syntax.

Sprach ich in der ersten Vorlesung von der Stadt,

bzw. der Großstadt, als dem privilegierten Erfahrungsraum der Moderne, wäre das hinsichtlich favorisierter Stoffe und Erzählpositionen über das Reale, die Menge und den Durchschnittsmenschen hinaus zu ergänzen – oder erweitern – im Konzept der Peripherie, des Randes, als dem allgegenwärtigen Horizont jeder (avancierten) Kunst- und Literaturproduktion, Referenzfeld für so ungleiche Autoren wie Faulkner (*Schall und Wahn, Die Freistatt, Als ich im Sterben lag*), Virginia Woolf (*Mrs Dalloway*), Uwe Johnson (*Mutmassungen über Jakob*) oder Hubert Fichte (*Die Palette, Versuch über die Pubertät*).

Grenzbereiche, die keine Sache von Krankheit und Gesundheit sind (selbst wenn es, wie im ersten Kapitel von *Schall und Wahn,* ein Schwachsinniger ist, der von seiner Familie berichtet), sondern von sichtbar machen und hörbar werden, ein Drift, eine Unebenheit, ein Dazwischen oder Daneben, die jede medizinische, psychiatrische oder kriminologische Kategorie verfehlen würde. Obwohl nicht selten Delinquenten, sogar Mörder und Vergewaltiger (etwa in *Die Freistatt*) die Hauptrollen besetzen, fusionieren sie nie mit dem, was an ihnen als pathologisch zu gelten hätte, so wenig sie das viel zu lange in Gebrauch gewesene, totschlägerische, krass bescheuerte Argument vom falschen Bewusstsein treffen könnte; als seien Romane jemals Plädoyers für dies oder das, als könnte es ihre Aufgabe sein, Mitgefühl zu heischen (mildernde Umstände) oder sich zum Kronzeugen der Anklage zu erheben (keine Gnade). An

Grenzen stoßen, politische Grenzen, der Moral, eines bestimmten Common Sense, ökonomischer Vernunft, unseres beschränkten Verstandes, daran entlangschlidern, sie gegebenenfalls überschreiten, es zum irreparablen Bruch kommen zu lassen, zeichnet nicht nur die Bücher aus, die ich gerade genannt habe – Haarrisse im Lebensentwurf einer Figur oder gleich dessen Kollaps, durch äußere Mächte erzwungen, gewaltsam, oder aus einer Irritation entstanden, die anfangs schwerlich zu bemerken war, als minimale Abweichung von Gepflogenheiten, die – sagen wir, für Clarissa Dalloway – selbstverständlich gewesen sind.

Etwas Anomales, das sich ins Leben mischt, anomale Leben. Alltage, die aus der Bahn geraten, nie auf einer Bahn waren, wie sie die Mehrheit – die keine zahlenmäßige Mehrheit sein muss – dekretiert (*Als ich im Sterben lag*). Dutzendmenschen, Menschen aus der Menge, deren Auffälligstes ihre Unauffälligkeit ist, werden von einer Bewegung ergriffen, die sie in Konflikt zu jenen – Kräften – bringt, denen sie unterworfen waren, bzw. denen sie sich bisher widerstandslos preisgaben. Sich vielleicht eine Belohnung erhoffend, eine Kompensation, die doch nichts anderes darstellt(e) als ein windiges Versprechen. Mehr noch, eine Lüge, nichts als purer Schaum, den szientifisch oder theologisch zu verbrämen, sich eilfertige Korruptniks immer finden. Marketingexperten, Würdenträger, Stützen der Gesellschaft; die im Übrigen nicht ausgenommen sind davon, beileibe nicht, marginalisiert zu werden, sich im Brand der Eitelkeiten höchstselbst an den Rand zu befördern. Nicht mehr zu wollen oder zu können, sich ins Schweigen, den Tod oder die Gewalt zu verabschieden; oder einen Fitzgerald'schen *Crack-Up* zu erleiden, einen rasenden Absturz ins Leere der eigenen Existenz – ein schrilles pfeifendes Geräusch.

Dezentrierungen, die auch die Texte erfassen, Unbestimmtheitszonen entstehen lassen, in denen sich Identitäten auflösen und eindeutige Zuordnungen vor den Augen des Lesers zu verschwimmen beginnen. Logische Relationen, die ›in Wahrheit‹ so logisch nicht sind, nicht bis ins Letzte zu erklären vermögen, welche Ursache zu welcher Wirkung führt. Was schon im Titel von Johnsons großem Roman anklingt: viel mehr als *Mutmassungen über Jakob* und sein tragisches Ende auf den Gleisen werden wir auch nach der Lektüre nicht haben, nicht wissen, ob es ein Unfall oder Selbstmord war, zu polyphon gestaltet sich die Wirklichkeit, von der hier erzählt wird, die Beobachtungen und Empfindungen all der Personen, die von den Geschehnissen berichten. Lesarten einer Geschichte, deren Wahrheit sich in Wahrheiten verliert, sich aufsplittert in Möglichkeiten und Varianten, die sich an den Ton, an die Rede- und Denkweise dessen anschmiegen, der das Wort hat; und so die Sprache selbst in Bewegung versetzen, sie in zahlreiche Richtungen fliehen lassen, den Grenzen des Sagbaren zu.

Als würde die Flucht vor erstickenden Konventionen, vor dem Zeichenregime einer dominanten Zentralmacht (Kolonial- oder Parteidiktatur, in anderer, zeitgenössischer Form aber auch das Gebot eines betäubenden Konsumismus: Kauf dir dein Glück, oder sei zumindest glücklich beim Kaufen), als würde diese Flucht zugleich eine Flucht der Sprache erzeugen, sie ihrer Peripherie zutreiben in eine – berückende – Fremdheit hinein, die man nie verwechseln sollte (nie, nie, nie) mit Unalltäglichem, mit exotischen Ausdrücken, Manierismen oder Gestammel – einem Willen zum Effekt. Viel eher handelt es sich um eine Fremdsprache, die nicht die Sprache eines anderen Landes, einer weit entfernten Region, sondern eine noch unbekannte in der eigenen ist, eine Sprache syntaktischer Abwege und Torsionen, die stets aufs neue geschaffen werden (geschaffen werden müssen), um das Leben in den Dingen sichtbar zu machen. Eine minoritäre Sprache jenseits jeden territorialen Codes, jenseits herrschender Bedeutungen und Aussagevorschriften, durch die allein wir etwas über das Außen ihrer selbst erfahren, die Welt.

»Die schönen Bücher sind in einer Art fremden Sprache geschrieben«, notiert Proust in *Gegen Sainte-Beuve*, und zwei Zeilen später: »In allen schönen Büchern sind alle verkehrten Bedeutungen schön.« Verkehrte Bedeutungen, als da wären: Verkehrungen der Sprache der Mehrheit, streng verbotene Sprache und verbotenes Sprechen, Dehnungen der Grammatik, ›falsches‹ Englisch, der unnachahmlich lässige Sound von Slang und Dialekt, ein klangvolles wildes Fließen, das in den *Adventures of Huckleberry Finn* mehr als einmal die Grenzen der Verständlichkeit streift, etwa in Jims Satz: »You go en git in de river agin, whah you b'longs, en doan' do 'nuffin to Ole Jim, 'at 'uz awluz yo' fren'«, oder in dem: »How you gwyne to git'm? You can't slip up on en grab um; en how's a body gwyne to hit urn wid a rock?« (»Wie kriegst du die denn?« Es geht um den Fang von Schildkröten: »Du kannst dich doch nicht an die ranschleichen und sie packen; und wie will man sie denn mit nem Stein totschlagen?«) Dagegen spricht Huckleberry fast normal*, aber eben nur fast, doch genauso schön, wie in den zitierten Passagen vielleicht schon deutlich geworden ist, noch ein Beispiel mit zwei dieser ›Falschheiten‹: »By-and-by he rolled out and jumped up on his feet, looking wild, and he see me and went for me. He chased me round and round the place with a clasp-knife, calling me the Angel of Death (der Vater im Delirium), and saying he would kill me, and then I couldn't come for him no more.« [ex tempore: Der verführerische Flow seines Redens, Huck als früher Hip-Hop-Artist, der sich Worte und Grammatik zurechtbiegt, falsch = richtig flektiert, um im Rhythmus zu bleiben, z.B. knowed anstelle von knew.]

Die Sprache fröhlich an ihren Rand ausreißen lassen, Außenseiter sprechend machen. Wenn wir uns

---

* Das Wort müsste man eigentlich auch in Anführungszeichen setzen.

darauf einigen könnten, die Situierung eines Romans an den Peripherien seiner Zeit als ein (wesentliches) Charakteristikum seiner Modernität zu betrachten – für die Borniertern eine Art von belletristischer shanty town –, dann ist Twains Roman so modern wie kaum einer, oder, in einer Formulierung Hemingways: »All modern American literature comes from« *Huckleberry Finn*. Und nicht nur die amerikanische, würde ich hinzufügen, selbst wenn das Original, das man mit allem Recht einen Gründungstext nennen darf, außerhalb des angloamerikanischen Sprachraums praktisch nicht gelesen und als das rezipiert wurde, was es in seiner Neuheit und seiner verkehrten, also richtigen, absolut stupenden Schönheit ist, ein Katapult in die Gegenwart, in jede Gegenwart, 1885, 2011. [ex tempore: Die Erscheinungsdaten von *Moby-Dick* (über den man – als anderen Gründungstext – auch zwei Vorlesungen halten könnte): 1851, *Grashalme*: 1855, *Lehrjahre des Gefühls*: 1869, *Böse Geister* als der mir am nächsten stehende Roman Dostojewskijs: 1873.]

Womit sich mir die Frage stellt, ob ich jetzt, nach dieser etwas längeren Stunde, gesagt habe, was ich sagen wollte (und ich muss ja zum Schluss kommen, auch auf die Gefahr hin, etwas abrupt aufzuhören). Ich denke schon, alles in allem, bis auf die Sache mit dem allzu statischen (fabulösen) Ende des Buches. Versuchen wir es kurz und knapp so: In den letzten Kapiteln – der König hatte Jim für 40 $ verkauft, bevor er geschnappt und mit seinem Kumpel, dem Herzog, geteert und gefedert wurde – erscheint Tom Sawyer plötzlich auf der Bildfläche, nimmt die Geschichte generalstabsmäßig in seine Hand und befreit Jim mit Hilfe von Huckleberry und allerlei Hokuspokus aus seiner neuerlichen Gefangenschaft. Was tatsächlich eine narrative Regression ist, die wohl aus der objektiven Schwierigkeit, das heißt Unmöglichkeit erwuchs, an die Flucht der beiden against all odds zu glauben, sie als Realist, der Twain nun mal war, gelingen zu lassen. Eine unbefriedigende Lösung, die jedoch an der singulären Bedeutung des Buches als Aufbruchs-Buch, als das Buch einer intensiven, die Verhältnisse grundlegend erschütternden Bewegung, nichts ändert, auch wenn wir hören, wie Hemingway (unter einer Reihe anderer, mit Twain unbedingt sympathisierender Kritiker) den Ausgang der *Adventures* beurteilt: »minstrel-show satire and broad comedy«, eine echt üble Klamotte; und wo Hemingway recht hat, hat er leider recht. Was nun ganz fade wäre, ein solches Ende, aber, und das ist wichtig, es folgt noch eines, jenes, mit dem die zweite Vorlesung aufhörte, Huckleberry nämlich ›setzt sich nicht zur Ruhe‹ bei Pflegeeltern, sondern er zieht weiter, er haut ab ins Indianerterritorium, »because Aunt Sally she's going to adopt me and sivilize me, and I can't stand it. I been there before.« Zwei, drei die Zukunft aufreißende Sätze, denn das ist Hucks Lebensmotto: keep movin' on, und ich hoffe, nicht bloß seines.

Damit habe ich zwar keinen Anknüpfungspunkt für die fünfte und letzte Vorlesung, vielleicht weckt es aber Ihre Aufmerksamkeit, wenn ich Ihnen sage, dass es um das Mittendrin des Anfangens gehen wird und was daraus für den Roman folgt, den ich gerade schreibe.

Leben oder Geld

Irgendwann vor dem 17.5.1910 – die Eintragung ist
undatiert – finden sich im Tagebuch Kafkas folgende
Sätze: »Endlich nach fünf Monaten meines Lebens, in
denen ich nichts schreiben konnte womit ich zufrieden
gewesen wäre und die mir keine Macht ersetzen wird,
trotzdem alle dazu verpflichtet wären, komme ich auf
den Einfall wieder einmal mich anzusprechen. Darauf
antworte ich noch immer (…), hier war noch immer etwas aus mir herauszuschlagen, aus diesem Strohhaufen,
der ich seit fünf Monaten bin …«

Ein promovierter Versicherungsangestellter, der bis
dahin ein paar kürzere Prosastücke in Zeitschriften veröffentlicht hatte und seit einiger Zeit ein Tagebuch
führte, das 1923, ein Jahr vor seinem Tod, so aufhört
(oder abbricht)*: »Immer ängstlicher im Niederschreiben. Es ist begreiflich. Jedes Wort, gewendet in der

---

* Die letzte Zeile in den Aufzeichnungen Paveses (*Das Hand-
werk des Lebens*): »Nicht Worte. Eine Geste. Ich werde nicht
mehr schreiben.«

141

Hand der Geister – dieser Schwung der Hand ist ihre charakteristische Bewegung – wird zum Spieß, gekehrt gegen den Sprecher. Eine Bemerkung wie diese ganz besonders. Und so ins Unendliche. Der Trost wäre nur: es geschieht ob Du willst oder nicht. Und was Du willst, hilft nur unmerklich wenig. Mehr als Trost ist: Auch Du hast Waffen.«

Darüber zu spekulieren, um welche Waffen es sich handelt, scheint mir müßig zu sein, vielleicht hat Kafka das an anderer Stelle konkretisiert, seine Existenz als Autor jedenfalls wurde wesentlich bestimmt durch solche Krisen – nichts schreiben zu können, nicht weiterschreiben zu können, »immer ängstlicher im Niederschreiben« zu werden. Er selbst glaubte, ich zitiere noch einmal aus den Tagebüchern, diese »Unfähigkeit zu schreiben (…) zu verstehn, ohne ihren Grund zu kennen. Alle Dinge nämlich die mir einfallen, fallen mir nicht von der Wurzel aus ein, sondern erst irgendwo gegen ihre Mitte. Versuche sie dann jemand zu halten, versuche jemand ein Gras und sich an ihm zu halten das erst in der Mitte des Stengels zu wachsen beginnt.«

Die Dinge von der Mitte her zu sehen, also nicht von oben auf sie herab- oder von unten zu ihnen hinaufzublicken, sich ihnen weder von links noch von rechts zu nähern (nähern zu können), macht es nicht gerade einfach, sie zu erfassen, etwa ihren Ursprung und Zweck zu benennen, was heißt, ihnen eine Art Ordnung zu unterlegen. Als ein systematischer Zusammenhang, dem die Dinge gehorchen würden und der prinzipiell, sei es kritisch oder affirmativ, nachzuzeichnen wäre, alle seine Verästelungen, Haupt- und Nebenwege, Sackgassen und Barrieren. Stattdessen Gras, »das erst in der Mitte des Stengels zu wachsen beginnt«, ohne Herkunft und Richtung, dem Schreiben bzw. Weiterschreiben jenen Halt entziehend, den Gewissheiten zu bieten pflegen, die beruhigende Sicherheit eines Schemas, das man – lediglich – auszufüllen hätte; mit anderen Worten: eines Vorgehens, dem es darum zu tun ist, eine Form von Repräsentativität herzustellen, die nicht nur Allgemeingültigkeit für sich reklamiert, sondern ihre Wahrheitsbehauptung zudem im Zeichen eines ›So – und nicht anders – war es‹ vor sich her trägt wie eine epische TÜV-Plakette. Eine Literatur der Beglaubigung, die ihre vollkommene Ödnis entweder mit Detailgenauigkeit (»toprecherchiert«) oder persönlichem Erleben (»durch die Hölle gegangen«) zu kaschieren versucht,* Bedingungen ausbreitend und Konsequenzen ziehend, die man als exemplarischen Ausdruck – von was auch immer – abzunicken hat; die alles weiß und nichts fertigbringt, vor allem nicht, sich den unberechenbaren Singularitäten eines Werdens auszusetzen.

Vom Wort »in der Hand der Geister« spricht Kafka, deren charakteristische Bewegung »der Schwung der

---

* Oder, drittens, dem eitlen Augenzwinkern postmoderner Selbstreferentialität, der ›Könnerschaft‹ literarischer Laubsägearbeiten, in denen so viel Leben wohnt wie in einem aufgeräumten Hobbykeller.

Hand« sei (das Auf und Ab der Finger auf der Tastatur), die jede Intention gegen ihren Urheber wende, »ob Du willst oder nicht«, als führten die Dinge, um die es beim Schreiben geht, ein Eigenleben, das dem, »was Du willst«, immer wieder entgleitet, gleichsam Haken schlägt wie ein Tier (Hase oder Gazelle) auf der Flucht. Zwar hilft es, ihm mit den Augen – dem Willen des Jägers – zu folgen, aber, noch einmal Kafka, »nur unmerklich wenig«, zu wenig, um das begreifliche »immer ängstlicher im Niederschreiben« hinter sich zu lassen; zu einer »leere(n) fröhliche(n) Fahrt« aufzubrechen, nachdem es gelungen wäre, sich von diesem Block, dieser Fesselung an den Stahlbeton herrschender Meinungen und narrativer (polizeilicher) Vorschriften (Wer? Wo? Wie? Was? Warum?) zu befreien.

Ein wurzelloses Gras, lauter Halme ohne Boden, aus dem sie natürlich herauswüchsen, nichts als ein Mittendrin, in dem man sich zu Anfang, am Anfang eines Romans, mit einigem Recht schon ziemlich verloren fühlen kann. Zum Beispiel:

— Geld? mit einer Stimme, die raschelte.

— Papier, ja.

— Das war damals ganz neu für uns. Papiergeld.

— Papiergeld haben wir erst gesehen, als wir in den Osten kamen.

— Als wir es zum ersten Mal zu Gesicht bekamen, sah es so merkwürdig aus. Leblos.

— Man mochte nicht glauben, dass es überhaupt etwas wert war.

— Vor allem, wenn Vater mit seinem Kleingeld herumklimperte.

— Das waren noch echte Silberdollar.

— Und silberne Halb- und Viertelmünzen, ja Julia. Die von seinen Schülern. Ich hör noch, wie er …

Aus einer Wolkentasche ergoss sich plötzlich, durch die Blätter des Baums draußen gebrochen, Sonnenlicht über den Fußboden.

— Wenn er dann die Veranda heraufkam, hat es bei jedem Schritt geklimpert.

— Seine Schüler mussten ihm die Vierteldollarmünzen, die sie ihm brachten, auf dem Handrücken halten, wenn sie ihre Tonleitern übten. Er nahm fünfzig Cent die Stunde, verstehen Sie, Mister …

— Coen, ohne h. Meine Damen, wenn Sie nun …

Wer das Buch kennt, dem muss man nicht sagen, dass es auf den nächsten tausend Seiten so weitergeht, Dialoge über Dialoge (auch Monologe) ohne jede Sprecherangabe, nur gelegentlich durchweht von einzelnen Prosapassagen, die eine Szene – wie in diesem Stück – verräumlichen und atmosphärisch aufladen oder als höchst flexible Scharniere dienen können, um verschiedene Orte und Handlungszeiten en passant miteinander zu verknüpfen. Anscheinend kaum etwas anderes als Zufälle, ein oszillierendes »Auf und Ab der Dinge«, das mich in Situationen geraten lässt, die mein Interesse (meine Neugier, Abscheu oder Bewunderung) wecken, in diesem einen besonderen Moment zwischen den Polen eines Noch-nicht und eines Nicht-mehr, eines Ausschlussverfahrens, auf das man häufig – wenn nicht meist – keinen Einfluss hat. Kein Vorher, keine Erklärungen (ein Setting), sondern allein der irreduzible Augenblick eines Ab-jetzt – Syntax einer Gegenwart, die mich auf seltsame Weise zu affizieren vermag.

Woran sich hier halten? William Gaddis, dessen Name in der ersten Vorlesung bereits gefallen ist, sprach von einer Zusammenarbeit zwischen dem Leser und dem, was auf den Seiten steht (»a book is a collaboration between the reader and what is on the pages«), denn dort finde sich alles, müsste oder sollte sich alles finden, was für die Beschaffenheit (der Dinge) von Belang sein könnte. Versuchen wir also, uns auf dieses Gras aus der Mitte – sonst haben wir buchstäblich nichts – zu stützen; als würden wir entziffern wollen, was doch offen zutage liegt: Zwei, vielleicht drei (es sind nur zwei, wie sich im Verlauf der Szene zeigen wird) ältere Damen reden mit einem Mann, der Coen heißt, Coen ohne h. Dass er die Schreibweise seines Namens so betont, deutet darauf hin, dass sie sich zum ersten Mal begegnen, zumal diejenige, die zuletzt sprach, nach dem Mister – ähm – ins Stocken geriet. »Meine Damen«, fährt er nach seiner erneuten Vorstellung fort (denn vorgestellt wird er sich haben), »wenn Sie nun …«, er zögert, als scheue er sich, sie daran zu erinnern, warum er gekommen ist, bzw. ihre Abschweifungen zu abrupt zu beenden; professionelle Höflichkeit, wie man sie einem Gast, einem Kunden, Patienten oder Klienten entgegenbringt, bevor man ihn wieder – möglichst sacht – aufs ursprüngliche Thema zurücklenkt. Dass ganz sicher nicht das Phänomen des Papiergeldes gewesen ist – als Zahlungsmittel und in sich wertlose Ausdrucksform von Wert für Coen so selbstverständlich, wie es für seine Gesprächspartnerinnen ersichtlich einmal etwas völlig Neues war; das sie erst nach ihrem Umzug in den Osten (an die Ostküste als Synonym urbaner Zivilisation, kapitalistischer Zirkulationsprozesse) »zu Gesicht bekamen« und ihnen im Gegensatz zu den Silberdollar* ihres Vaters, die immerhin klimperten, wenn man sie in die Hand nahm, ohne Leben erschien, in seiner papiernen Abstraktheit wie tot. »Geld?«, muss Coen fragen, um im Bild zu bleiben, um sich zu vergewissern, sie richtig zu verstehen (von was reden die eigentlich?), so weit liegt die Epoche, von der ihm berichtet wird, zurück, inwiefern – und zwar fast gleichgültig, in welchem Jahr des vergangenen Jahrhunderts wir die Szene genau ansiedeln – die Folgerung, die beiden seien schon alt, um nicht zu sagen hochbetagt, mehr als plausibel ist. Nicht miteinander in Einklang zu bringende Alltagserfahrungen, hier Münzen aus Edelmetall, bissfest und wie für die Ewigkeit gemacht, und dort Banknoten, zerfleddert, abgegriffen, oder Kreditkarten als die vorletzte Stufe einer

---

* In den USA 1935 letzte Prägung von silberhaltigen Münzen als generelles Zahlungsmittel. http://en.wikipedia.org/wiki/Peace_Dollarhttp://en.wikipedia.org/wiki/Peace_Dollar (Vertrauen wir mal dem Netz.)

fortschreitenden Entmaterialisierung des Geldverkehrs. (Letzte Stufe Onlinebanking.)

An was sich halten? Die prosaischen Fakten: Zwei ältere Schwestern (›alte Fräulein‹, eine heißt Julia), deren Vater – unter anderem – Klavierlehrer war, unterhalten sich erstmals mit einem erheblich jüngeren Mann, zu dem sie in keiner privaten – verwandtschaftlichen – Beziehung stehen. Früher, *Once Upon a Time in the West*, lebten sie in einem Haus mit Veranda, woraus nichts abgeleitet werden kann, da ein Großteil US-amerikanischer Einfamilienhäuser, Holzkonstruktionen in der Regel, bis in die fünfziger Jahre hinein eine Veranda hatten. (In den parfümierten Albträumen Suburbias schnörkellose Bungalows.) Sie erinnern sich an das Geräusch der Silberdollar in der Hosentasche ihres Vaters, wenn er die Stufen ins Haus hochkam, diejenige, die nicht Julia heißt (ihr Name ist Anne, wie wir wenig später in einer Anrede hören/lesen), spricht dabei von Kleingeld, was uns einen Hinweis auf die Vermögenssituation, auf die soziale Stellung ihrer Familie liefert. »Echte Silberdollar« – im Rückblick – als Kleingeld zu bezeichnen, »Father jingling his change«, und nicht als Geld überhaupt, lässt auf einen gewissen Wohlstand schließen, jedenfalls auf nichts, das man mit Armut oder schwierigen Lebensverhältnissen assoziieren würde. Wenn keine glückliche, dann aber bestimmt keine erwähnenswert unglückliche Kindheit aufgrund materieller Sorgen der Eltern. Gutbürgerlich. [ex tempore: Schwestern wie die Witwe Douglas und Miss Watson, eine Spur liebenswürdiger.]

Ein Wohlstand, den man mit Klavierstunden für fünfzig Cent schwerlich erzielt, selbst zehn am Tag ergäben am Monatsende nur 150 $ (Jahresdurchschnittsverdienst 1939: 1800 $), was den Schluss erlaubt, ihr Vater (die Familie) habe noch über andere Einnahmequellen verfügt (Brotjob, Zinsen, Beteiligungen, Grundrente). Klar jedoch wird, dass er ›quite a character‹ gewesen sein muss, der in einem komischen, wenn nicht skurrilen Verfahren die Münzen, die seine Schüler ihm als Honorar mitbrachten, einerseits zur Verbesserung ihrer Anschlagstechnik gebrauchte, wie er ihnen andererseits – durch die Platzierung der Geldstücke auf ihren Handrücken – ständig den Preis vor Augen hielt, den das Erlernen einer schönen Kunst kostet. Ein Original, dessen ausgefallene Ideen bei seiner Bestattung zu einer Groteske führen, die Anne als späten Höhepunkt dieser ›Münz-Praxis‹ betrachtet. Hören/lesen wir, wie sich das Gespräch unmittelbar nach Coens Versuch, zum Thema zurückzukehren, fortsetzt:

– Ach, das ist genauso wie die Geschichte von Vaters letztem Willen, dass man seine Büste im Hafen von Vancouver versenken und seine Asche dort ins Wasser streuen sollte, James und Thomas waren im Ruderboot draußen, und beide schlugen mit den Rudern gegen die Büste, weil sie hohl war und nicht untergehen wollte, und während sie noch da draußen waren, begann es zu stürmen, und seine Asche flog ihnen in den Bart.

– Es hat nie eine Büste von Vater gegeben, Anne. Und

ich kann mich auch nicht entsinnen, dass er je in Australien war.

— Sag ich ja. So werden Märchen in die Welt gesetzt.

— Nun ja, es nützt nichts, sie in Gegenwart eines Wildfremden zu wiederholen.

— Ich würde Mister Cohen kaum als Fremden bezeichnen, Julia. Er weiß mehr über unsere Verhältnisse als wir selbst.

— Meine Damen, bitte. Ich bin wirklich nicht hierhergekommen, um meine Nase in Ihre Privatangelegenheiten zu stecken, aber da Ihr Bruder gestorben ist, ohne ein Testament zu hinterlassen, müssen bestimmte Dinge besprochen werden, die sonst wohl nie auf den Tisch kämen. Um nun auf die Frage zurückzukommen, ob …

— Ich bin sicher, dass wir nichts zu verbergen haben. Dass ein Bruder es im Leben zu nichts bringt, kommt ja häufiger vor.

— Treten Sie doch näher und setzen Sie sich, Mister Cohen.

Ein Element der Fabel tritt neben das andere, Umstände entwickeln sich selbstredend, Zeile für Zeile werden Bezüge deutlicher. Der letzte Satz liefert uns drei, für den Hintergrund der Szene nicht unwichtige Informationen: erstens, dass wir uns im Haus der Schwestern befinden, zweitens, dass man noch im Flur oder in einem Vestibül steht, und drittens, dass Anne und Julia ihren Besucher gleich nach dem Öffnen der Tür mit ihren Erinnerungen und Reminiszenzen überfallen haben – als empfingen sie so selten Besuch, dass sie jede sich bietende Gelegenheit ausnutzen, ob's passt oder nicht. Coen muss verblüfft sein, kaum hatte er sich und sein Anliegen bekanntgemacht, prasseln Geschichten, Fragmente von Geschichten auf ihn ein, die es zu sortieren gilt; zu sortieren möglicherweise auch hinsichtlich der Erbschaftssache, wegen der er gekommen ist und die sich kompliziert gestalten könnte, kein Testament vorhanden und dazu zwei – sprechen wir das Wort aus – leicht bis mittelprächtig verkalkte Angehörige, die den Erblasser, ihren verstorbenen Bruder, für einen Versager halten, der es im Leben zu nichts gebracht hat, wie eine der Schwestern spitz anmerkt. Was auf Reibungen in der Familie schließen lässt, auf Animositäten, die Coens Aufgabe nicht erleichtern werden, auch wenn er betont, seine Nase nicht unnötig ins Detail ihrer Privatangelegenheiten stecken zu wollen. Da Versager meist nichts auf der Tasche haben, fragt man sich, warum ein Rechtsanwalt eingeschaltet wurde (und was sollte Coen sonst sein?), der sich um die Abwicklung dieses speziellen Falles, um gesetzliche Erben usw., kümmert; oder sind wir da auf der falschen Fährte, geht es hier um etwas ganz anderes als ein Nicht-Vermögen nicht zu verteilen, etwa darum, den Umfang einer Hinterlassenschaft erst einmal zu ermitteln, zum Beispiel zu eruieren, wem das Haus gehört, in dem Julia und Anne wohnen, und ob ihr Bruder Miteigentümer war, in dessen Rechte nun ein Kind eintreten würde? (»Ich bin sicher, dass wir nichts zu verbergen haben«, sagt die eine, sie befürchtet wohl Enthüllungen.)

Räume der Vorstellungskraft unter der Oberfläche des Textes, als beinhalte jeder Satz, jede Ellipse einen Schlüssel, der sie zugänglich macht und ihre Dimension erweitert in einer »collaboration between the reader and what is on the pages.« Was es dort, genauer darauf, zu entdecken gibt, auf der allerersten Seite des Romans *JR* – als zweitem der vier Meisterwerke von William Gaddis,* den die New York Times den »presiding genius of postwar American fiction« nannte –, das entfaltet nicht nur in der coolsten, in der lässigsten Manier das Panorama eines diskreten Augenblicks, sondern versammelt in größter Beiläufigkeit zugleich die zentralen Themen des Buches, allen voran das im ersten Wort bereits ausgesprochene: Geld. Geld in jeder Variation, Papiergeld, Buchgeld, Münzgeld, Geld, das man nicht hat, das man dringend braucht, das man verachtet und begehrt, verschleudert und hortet, geringschätzt oder anbetet, der große Gleichmacher und der große Zerstörer, Medium aller Leidenschaften und Anstrengungen, zu denen ein Mensch fähig ist, Schulderzeuger, Schuldvernichter.

Geld als Instrument der Verführung, als Irrtum, be-

---

* *The Recognitions*, 1955 (dt. *Die Fälschung der Welt*), *JR*, 1975, *Carpenter's Gothic*, 1985 (dt. *Die Erlöser*), *A Frolic of His Own*, 1994 (dt. *Letzte Instanz*), *Agapé Agape*, posthum 2002 (dt. *Das mechanische Klavier*).

trügerischer oder zweifelhafter Code, der etliche, schwer zu entwirrende Missverständnisse provoziert, seien sie inszeniert, seien sie unfreiwillig; und den Kollaps, der in der Kommunikation eines Systems der absoluten Wertsteigerung wesenhaft nistet, immer wieder rapide zu beschleunigen versteht. Als würden die Leute nicht schon genug aneinander vorbeireden, erliegen sie unter dem Zwang, sich gewohnheitsmäßig zu verstellen (Kreditwürdigkeit, Leistungsvermögen, Lebensläufe), einer Serie wechselseitiger Täuschungen, die jede sachliche Information in eine obskure Vermutung und jedes Gerücht in ein unabweisbares Faktum zu verwandeln imstande sind. Worauf Börsenspekulation wie Eifersucht beruhen, Hochstapelei wie Treuebekundungen, im Grunde Zuversicht wie Skepsis. So lesen/hören wir in *JR* von Verhältnissen, die der Entropie zutreiben, einem Chaos, das im kommunikativen Zusammenbruch (dem Einsturz kommunikativer Strukturen) ein ums andere Mal aufscheint, wobei die Frage, ob das alles mit einem gewaltigen Knall oder in einem selbstmitleidigen Gewinsel enden wird, von Gaddis – im Unterschied zu T. S. Eliot – nicht beantwortet wird.* (Und wie es danach weitergehen könnte, schon gar nicht.)

Eine dysfunktionale Welt, die das Geld schlecht regiert und sämtliche Verständigungsversuche in einer

---

* In den Schlusszeilen von Eliots Gedicht *The Hollow Men*: »This is the way the world ends / Not with a bang but a whimper.«

›Logorrhöe der amerikanischen Stimme‹ nachhaltig zu sabotieren pflegt, im Zeichengewirr einer heißlaufenden Warenproduktion, der zu entfliehen niemandem gelingt, keinem Menschen, keinem Vorgang und natürlich auch den Künsten nicht. Denn selbst die sind nicht umsonst zu haben, verursachen Kosten, bei ihrer Herstellung so gut wie bei ihrem Verkauf auf den Märkten des Geschmacks, der Mode und der Distinktion, leben von Vorschusszahlungen und Erwartungen, die das Publikum auf sie richtet. [ex tempore: Der Herzog und der König beherrschen dies Spiel lange perfekt, bis es dann doch schiefgeht und sie der ›Kritik des Volkes‹ in die Hände fallen.] Ein volatiler Preis, der sie unkalkulierbar macht, die Künste, oft zu hoch, was die Existenzbedingungen ihrer Schöpfer, stets zu niedrig, was die Erlöse an der Kasse betrifft, und eher eine Seltenheit, dass die Silberdollar einmal in der Tasche eines Komponisten, eines Malers, eines Schriftstellers klimpern. Reich wird man mit ihnen im Normalfall nicht, was dem Bild des Klavierschülers mit zwei Münzen auf seinen Handrücken die Geltung eines vorausschauenden Memento verleiht. Überleg's dir genau, ob sich das hier mal rechnet.

Verkannte, verkrachte oder dilettierende Künstler tauchen – neben begabten Kopisten – in allen Romanen von Gaddis auf, in *JR* kommt ihnen die undankbar lächerliche Rolle zu, für einen Elfjährigen, der sich am Schultelefon aus Ramschanleihen ein Firmenkonglomerat zusammenzimmert, in der Öffentlichkeit als Mittelsmänner zu fungieren, die Verträge unterzeichen und Pressekonferenzen geben. Verzweifelte Hanswurste ihrer Ambitionen, lassen sie sich von *JR* (die Initialen des Titelhelden, den sie als Aushilfslehrer unterrichten) in der verspannten Hoffnung ausnutzen, mit dem beiseitegeschafften Geld weiter an ihrer Kunst arbeiten zu können, die zweite, dritte oder vierte Luft zu haben, um ein Cellostück oder einen Roman zu vollenden. Eine Farce, wie das ganze Leben unterm Kapitalgesetz, dem in Gaddis' Buch nur ein nölender, ein so dreister wie in seiner Naivität charmanter Schuljunge aus Long Island noch gewachsen ist. Zumindest besser als der Rest des Personals, Rechtsanwälte, alte Damen, Bankiers, Geliebte, Börsenmakler, Politiker und zufällige Passanten auf der Straße, deren Stimmen das Babylon des amerikanischen Alltags intonieren, das Rauschen (*White Noise*) einer Welt aus Geld und Gier, Sex und Geschäft, scheiternder Kunstanstrengung und kollabierender Kommunikation.

In der Eingangssequenz plötzlich da, ein Sprung aus dem Nichts in den Text, mitten hinein in ein Gespräch, das wir lernen können zu lesen. Uns zu eigen zu machen. In einem von Harold Bloom herausgegebenen Band zum Werk von Gaddis formuliert es Susan Strehle Keemtner bündig so: »The rest of the novel is anticipated in this conversation; JR's empire is constructed of paper, and while he becomes a millionaire on paper he never appears one in reality. He never uses his paper money, not even to replace the torn sneakers and sweater.

By the novel's end money is clearly not only lifeless but an agent of lifelessness; its worth is called into question at the beginning, and its worthlessness firmly established by the end.«

Eine Landschaft aus Gräsern, Steppe oder Prärie. Wo fängt sie an, wo hört sie auf? Oder ein Dschungel in seiner vermeintlich richtungslosen Üppigkeit (die Romane Thomas Pynchons), das urbane Labyrinth einer wild wuchernden Megastadt (São Paulo zum Beispiel), der rasende Kreislauf des Handels mit Dingen aller Art. Ein Rhizom medialer Schlaufen, in denen man sich verfängt, ohne Schlaf in einem Hotelzimmer in Düsseldorf liegend, auf dem Blackberry E-Mails aus Turin lesend, während das Fernsehgerät stumm vor sich hinflackert. Eine Dokumentation aus dem Tierreich, Unruhen irgendwo in Mittelasien, die tausendste oder hunderttausendste Folge von *Sturm der Liebe* in einer nächtlichen Wiederholung. Störfaktoren, deren Gegenwart praktisch nicht auszuschalten ist, die in ihrer Summe als unentwegt präsente Optionen vielleicht die Gegenwart selbst sind, eine Realität aus Nebensächlichkeiten, die um kein Zentralgestirn (eine große Idee) mehr kreisen, es sei denn das Geld, es sei denn ...

»Tanzende Partikel im Staub des Sichtbaren, wechselnde Plätze in einem anonymen Gemurmel«, das Subjekt als dritte Person, die man analysieren muss. Abgeleitet aus dem, was man sieht, was man hört, in einem Universum des Ephemeren, scheinbar Unbegrenzten, das keine privilegierte Beobachterposition mehr kennt, von der aus (oben oder unten, links oder rechts) die Ereignisse, um die es sich handeln könnte, noch zu schildern wären. Was nicht bedeutet, (der Autor, die Autorin als BürgerIn) ohne Standpunkt zu sein, und auch nicht, vergessen zu haben, dass »ästhetische Fragen immer politische Fragen sind«, wie es Peter Weiss in seinen Notizen zur *Ästhetik des Widerstands* ausdrückt, aber zu wissen, »dass jedes Wort, gewendet in der Hand der Geister«, zum Spieß werden kann, »gekehrt gegen den Sprecher«, was man übersetzen sollte als: gegen jede Absicht und jede Form der Beweisführung; etwa einen Plot als roten Faden, an dem man sich entlanghangelte von zusammengeklaubten Voraussetzungen über illustrative Kettenglieder (fern aller erzählerischen Autonomie) hin zu einem logischen (moralisch oder politisch verbindlichen) Ende – falls das noch einmal gesagt werden muss.

Eher ein Widerhall denn repräsentatives Bild, eher brüchige Korrespondenzen denn mimetische Gesamtschau, eher das Tasten nach Zusammenhängen (zwischen Paranoia und Beliebigkeit) denn ›kontemplative Geborgenheit‹ in einer so oder so stabilen Welt – wie anders ließe sich heute das Verhältnis des Realen zu einem Text beschreiben, der es zu fassen versucht.

Man sieht, man hört, man vermutet. Zufallsbegegnungen tragen einem Geschichten zu, die Ahnungen bestätigen oder unterlaufen. Man befragt, man reist. Erinnert sich an Orte, an Bilder, die ohne Vorsatz entstanden sind – oder warum hat ein Autor* damals, im Februar 2004, den Hauptsitz der ABN AMRO-Bank am Leidseplein in Amsterdam aus verschiedenen Blickwinkeln fotografiert? Gab es Pläne? Fotos des Marriott-Hotels ein paar Schritte weiter, die längliche rote Markise vom Portal zum Bordstein, wo die Taxis halten. Vielleicht der schattenhafte Gedanke, dass jemand, der in der Bank zu tun hätte, Verhandlungen über irgendetwas führte, eine Kreditlinie, in dem Hotel wohnen würde, ein kurzer Spaziergang nach dem Frühstück durch wirbelnde Schneeflocken, Windböen, gegen die man ankämpfen muss; jemand, der aus dem Ausland gekommen ist, der in der Stadt fremd ist und sie nur von kurzen, sporadischen Besuchen kennt, Unterredungen, Geschäftsessen, abendlichen Besäufnissen nach einem erfolgreichen Abschluss. 1975 als junger Mann einige Tage in einem Youth Hostel, mit einem Aufnäher am Ärmel seiner Jeansjacke: »Today is the first day of the rest of your life«, so ein Hippie-Schmarren.

Man sieht, man hört, man liest. Von David Harvey zur Geographie des Postfordismus, von Saskia Sassen über Territorium und Autorität, von Mike Davis über die Ökologie der Angst und den *Planet of Slums*, man be-

---

* »Man frage mich nicht, wer ich bin, und man sage mir nicht, ich solle der gleiche bleiben: das ist eine Moral des Personenstandes; sie beherrscht unsere Papiere. Sie soll uns frei lassen, wenn es sich darum handelt, zu schreiben.« M. Foucault, *Archäologie des Wissens*, S. 30.

sucht Ausstellungen, geht süchtig ins Kino, wie man seit fast fünfzig Jahren süchtig ins Kino geht, 2004 in Amsterdam in *Die besten Jahre, La meglio gioventù*, eine sechs Stunden lange, niederländisch untertitelte Chronik der sechziger und siebziger Jahre Italiens, die anhand der Geschichte zweier Brüder erzählt wird, der eine Carabiniere und der andere Psychiater, Anti-Psychiater, dessen Frau sich den Roten Brigaden anschließt. Was eine andere Geschichte für einen anderen Roman ist, Referenzpunkt oder leeres Zentrum. Während eines Besuches in Zürich (um über diesen Roman zu sprechen), geht der Autor, »Partikel im Staub des Sichtbaren«, mit seiner Lektorin (oder mit seinem Verleger) durch die Bahnhofstraße, in deren herrschaftlichen Häusern sich Bank an Bank reiht, als sie den Paradeplatz erreichen, reißen sie blöde Witze über die Abermilliarden, die in den Schließfächern unter seinem Pflaster (kein Strand, nirgends) verbunkert sind, und die Abermilliarden an Dollar und Franken, an Schmuck und Papieren, die jährlich hinzukommen und für die immer weitere Tresore gebaut werden müssen, bis die Stadt einmal ganz unterkellert sein wird mit Stahlgewölben für die Beute aus aller Herren Länder. Aus Drogenhandel, Geldwäsche, Steuerhinterziehung. Bei Orell Füssli deckt sich der Autor danach mit Büchern ein über *Drogen und das sogenannte schmutzige Geld, Die verborgene Seite der Schweizer Finanzwirtschaft, Die Zukunft des Terrorismus*, verschwörungstheoretisches Zeug und seriöse Publikationen in erstaunlich fließenden Übergängen, dieselben

Namen hier wie dort, Bankiers, Mafiosi, osteuropäische Venture-Kapitalisten, Aktiengesellschaften, Logistikbetriebe. Tatsächlich an Zusammenhänge zu glauben, verschwiegene oder geheime Zusammenhänge zu unterstellen und sie zur strukturellen Basis eines nächsten Romans zu machen – ohne die Geste der Offenlegung bzw. Rechthaberei – gewinnt für unseren Autor schon in den folgenden Tagen (er denkt an DeLillo und Pynchon) mehr und mehr Überzeugungskraft; bevor er wieder abreist, ist er in verschiedenen Hotellobbies gewesen (beliebte Treffpunkte der Protagonisten) und hat sich bei der Credit Suisse nach einem Schließfach und einem Konto erkundigt.

Dass erhöhter Mobilitätsdruck, die Flexibilisierung und Automatisierung von Produktionsabläufen, die Verlagerung großer Unternehmen in Billiglohnländer, Deregulierung der Arbeitsmärkte und Lean Management, berufliche Verfügbarkeit praktisch rund um die Uhr, kurz, eine Ausdehnung ökonomischer Konkurrenzsituationen in jede menschliche Sphäre als Kennzeichen dessen, was ich Postfordismus nennen würde, anstelle von – wie ich finde, ein unpräziserer Begriff – Globalisierung, dass all das zu einer Verflüssigung traditioneller Lebensplanungen und Reproduktionsweisen führt, ist inzwischen eine Binsenweisheit, entwertet jedoch keineswegs die – nur auf den ersten Blick – banale Frage: Auf wen oder was kann man sich noch verlassen? Bzw. lässt die Frage Rolf Dieter Brinkmanns aus den *Erkundigungen für die Präzisierung des Gefühls für einen Aufstand*, nämlich: »Wer ist der Direktor dieser sogenannten Wirklichkeit?«, in einem ganz neuen Licht erscheinen. Verantwortlichkeiten verschwimmen, die Adressaten des Protestes oder solidarischer Kooperation wechseln oft binnen kürzester Zeit ihre Plätze (der energische Auftritt des BDI gegen Rassismus, und sei es um des Exportes willen), vertrauter Boden, ideologischer wie privater, gerät in Bewegung wie ein mahlendes, sich verschiebendes, erst langsam, dann immer schneller auseinanderbrechendes Eisschelf. Rette sich, wer kann, scheint zur allgemeinen Devise zu werden, und: Halt dich an das, was sich dir gerade anbietet.

Dabei das Richtige vom fundamental Falschen sauber zu trennen, zu Differenzierungen in der Lage zu sein, wenn einem das Wasser – subjektiv – bis zum Hals steht, ist für den Einzelnen häufig zu viel verlangt, er greift zum sprichwörtlichen Strohhalm, begibt sich in Zusammenhänge, die er nicht überschaut. Um sich irgendwann zu fragen (wie womöglich ein Leser, der ihn bei seinen Salvierungsversuchen begleitet), ob es sich bei den Geschehnissen, die ihm widerfahren, um Zufälle in einer von Grenzen jeglicher Art befreiten Welt handelt oder ob er in einem verabredeten Spiel nichts als eine Figur ist, die andere – die Direktoren, die Strippenzieher – von Feld zu Feld bewegen; was letzten Endes heißt, die Frage nach sich selbst zu stellen.

Name, Alter, Beruf, Ausbildung, Familie, Verdienst und Besitz. Wird das, was ich habe, ausreichen für das, was mir vorschwebt? Weiter Zeichnungen von David

Hockney und Maria Lassnig zu sammeln, adäquat zu wohnen, ein gutes Leben. Bedürfnisverzicht wäre keine Antwort oder Lösung, die befriedigen (eben) könnte, solange der Rest nicht mitmacht, keinerlei Veranlassung spürt, sich zu ändern. Abstriche hinzunehmen. Andolfi etwa, mit dessen Knöchelbruch beim Skifahren die Geschichte eigentlich erst ins Rollen kam. Eine seiner Sektlaunen, im April in den Dolomiten Skifahren zu gehen, und dazu noch mit einer seiner Mätressen, deren Fotos auf dem Mobiltelefon er zum Gaudium der anderen beim Essen herumgezeigt hatte – was für ein mieser Typ, schoss es Brockmann an jenem Abend nicht zum ersten Mal durch den Kopf, und nicht wegen dieser Luisa, die (Kellnerin oder Barfrau) ihm irgendwo schon über den Weg gelaufen war, schließlich befand man sich in Turin und nicht in Tokio. Oder São Paulo, wo er Andolfi dann vertreten musste, weil er die Leute von früher kannte, aus den Jahren, als Brasilien, Argentinien, Chile seine Sales-Regionen waren, vielleicht die beste Zeit.

Jochen Brockmann, Anfang bis Mitte fünfzig, sportlich (würde in einer Kontaktanzeige stehen), Raucher (würde man in einer Anzeige unterschlagen), geschieden, aber im Moment liiert, mit einer erwachsenen Tochter, zu der er ein durchaus herzliches Verhältnis hat; auch wenn man sich nicht allzu oft sieht. Jahreseinkommen 400 000 plus. Bis dato. Meint: Bis zu den Angriffen, insbesondere Andolfis und Belacquas, auf der letzten Sitzung des erweiterten Vorstands wegen Indonesien, offen, brachial, als fiele der Kredit, das heißt, die drohende Verweigerung eines Folgekredits, allein in seine Verantwortung, als sei er persönlich für den Zusammenbruch einer halben Volkswirtschaft verantwortlich. Bonität weg, Auftrag weg, 8 Millionen weg. Signale hatte es seit dem Eintritt Belacquas gegeben, Brockmann hatte sie ignoriert, jetzt wusste er definitiv, dass das ein grober Fehler war. Seiner Erfahrung, also seinen Instinkten, nicht zu vertrauen.

Zu lange gewartet, dachte er, im Zug nach Lugano, wo er das Konto kündigte, das gebündelte Geld in einen größeren Aktenkoffer packte, den er sich eine halbe Stunde zuvor gekauft hatte, das Schließfach leerte, um alles in Zürich bei der HSBC auf einem neuen Konto bar einzuzahlen, die Papiere in einem Schließfach (daselbst) zu deponieren. Soll die italienische Finanzpolizei in Zukunft fahnden und durchsuchen lassen, was sie will (hysterische Presse-Meldungen, Alarm im Netz), einmal zu lange gewartet zu haben war genug. Brockmann schlendert über die Bahnhofstraße zum See (noch zwei Stunden Zeit bis zur Rückfahrt, entweder kurz vor oder kurz nach seiner Reise nach São Paulo), am Ufer hinter der Galerie Bischofberger bleibt er am Rand einer Menschentraube stehen, die sich um einen Jongleur im Dress der brasilianischen Nationalmannschaft schart, ein Mann mit verkrüppelten Beinen, der den Lederball mit seinen Krücken in der Luft hält. Krücke, Stirn, Nacken, Krücke, ein echter Könner. Ein Stück seitlich ein anderer Zuschauer, der ihm bekannt vorkommt, dann fällt der Groschen, ein ehemaliger Klassenkamerad, von dem Brockmann gehört hat, dass er Mathematikprofessor geworden ist, auf einer Tagung in Zürich, Mittagspause, sie gehen in eins der Cafés auf der Promenade, um einen Espresso zu trinken; seit mehr als dreißig Jahren, seit ihrer Abiturfeier, haben sie sich nicht mehr gesehen.

Wo fängt das an? Wo überhaupt etwas, von dem man beginnt, zu erzählen? Was im »dauernden Auf und Ab der Dinge« mein Interesse und meine Neugier, Bewunderung oder Abscheu erregt, zwischen einem Noch-nicht und einem Nicht-mehr einen Resonanzraum entstehen lässt, in dem Geschichten aus der »sogenannten Wirklichkeit« widerhallen, sich in einer Folge von Echos verlieren, zersplittern und dann neu zusammensetzen können, neue Kombinationen bilden, Tage oder Jahre später, ab jetzt. Eine Affizierung der Vorstellungskraft, Einwirkungen von außen auf den Körper und das Denken, deren Zufälligkeit, wie mir scheint, unauflösbar mit der Bereitschaft für eine bestimmte Geschichte verknüpft ist, Vorströme, die zwischen Potentialen unbemerkt hin und her fließen – als würde man nur erfahren, was man zu erfahren gewillt ist. Noch bevor man sich darangemacht hat, Einzelheiten zu recherchieren, sieht man etwas Symptomatisches, hört man Erzählungen, die einem wie unerbetene Geständnisse vorkommen. Als zöge man sie – quasi magnetisch – an, zum Beispiel zwei Freunde aus Kindertagen, die plötzlich wieder ins Leben eines Autors treten [ex tempore: X nach einer Lesung, zu der er sich verspätet hatte, ein Termin, »aber ich wollte dich unbedingt sehen«.] und nicht zu stoppen sind mit Berichten aus einem geschmeidigen, den Globus umspannenden Leben. Als müssten sie es ein für alle Mal loswerden: Bauprojekte in China (»komplette Stadt sozusagen«) und Indien (»absolut ökologisch«) der eine, in Diensten eines italienischen Konsortiums, von Sofia aus den rumänisch-bulgarischen Markt für Textilprodukte und Textildruckmaschinen »aufrollen« der andere (ketterauchend), wobei es Probleme gab mit deutschen und italienischen Behörden wegen der bulgarischen Flat-Tax-Regelung: Wo hat er welchen Betrag über diese läppischen 10 % hinaus zu versteuern? Sein Zuhause ein altes Gutshaus im piemontesischen Alba (»wenn ich da bin«).

In der Berliner Stadtbibliothek, in der Technikabteilung, lassen sich Informationen über Textildruckmaschinen einholen, computergesteuerte Rotationswerke in den Ausmaßen mittlerer Fabrikhallen zum Massendruck aller möglichen Dessins, in Turin lernt der Autor eine Dolmetscherin kennen, die Vorstands- und Aufsichtsratssitzungen italienischer Unternehmen in Alba und Turin für deutsche Shareholder (Banken, Versicherungen) synchron übersetzt, Aufenthalte in São Paulo, wo seit geraumer Zeit eine sehr gute Freundin mit ihrem Mann lebt, verhelfen – wenigstens im Ansatz – zu einem sinnlichen Überblick über Zustände, die wir in Europa als extrem einschätzen, in weiten Teilen der Welt hingegen das Allergewöhnlichste sind. Als eines Abends das brasilianische Staatsfernsehen eine Dokumentation ausstrahlt, in der überlebende Mitglieder der Stadtguerilla der frühen siebziger Jahre interviewt werden, die gegen die Militärdiktatur gekämpft hatten, drängt sich die Frage auf, warum heute niemand mehr ›zu den Waffen greift‹ angesichts einer Gesellschaft, in der Hightech und exorbitanter Luxus (und das nicht nur in Brasilien als dem dynamischsten der Emerging Markets) ein zum Himmel schreiendes Massenelend und brutale Chancenberaubung im Schlepptau haben – ›linker‹ Terror als verdrehte Ultima Ratio einer an sich selbst irre werdenden Entwicklung; ›oppositionelle‹ Gewalt jenseits der Bandenkriege in den Favelas. [ex tempore: Jeder Apartmentblock in São Paulo eingezäunt wie das Verteidigungsministerium in Berlin, in jeder Bankfiliale mindestens ein Uniformierter mit Kevlar-Weste und Maschinenpistole, die Villen wie Hochsicherheitstrakte mit Wachposten, stählernen Schiebetoren und Natodraht auf den Mauern, eine Flotte von Hubschraubertaxis (*Blade Runner*), die die Wohlbetuchten von Dach zu Dach fliegen, eine sich in hügeligen Wellen im Umkreis von 360° bis an den Horizont erstreckende Stadtlandschaft aus nicht zu zählenden Hochhäusern (ein Wald aus Hochhausnadeln), verstopften Straßen, Shopping-Malls, Kriminalität, Barackensiedlungen. Ohne Anfang und Ende, mit etwa 20 Millionen Bewohnern.]

Wie heißt der Mann, den Brockmann hier trifft? Sylvester Green? Niko? Ein Mann seiner Generation, der ihn – als hätte er ihn erwartet – im Hotel in ein

Gespräch verwickelt (»Waren Sie schon einmal in einer Favela? Comunidade sagen die Leute. Ich wette jede Summe, dass nein.«) und nach relativ kurzer Zeit gemeinsame Geschäfte vorschlägt. Brockmann könne sich das ›in Ruhe‹ überlegen, er, Niko oder Green, sei viel unterwegs und werde in Europa wieder auf ihn zukommen, werde sich in Turin oder wo immer bei ihm melden, bald schon. Brockmann hat den Eindruck, er wisse von seinen Schwierigkeiten, sei genau im Bilde, dass seine Stellung im Unternehmen wackelt, dass er auf der Abschussliste steht und das Scheitern des Indonesien-Deals wahrscheinlich das Aus für ihn wäre. Wer ist dieser Mann, der ihm halb als Bedrohung, halb als Rettung erscheint und dem er – und der Leser, die Leserin – noch verschiedene Male begegnen wird? (*Le diable probablement*).

Geld auftreiben. Einen Kredit verhandeln. Beweisen, dass man dem anderen gewachsen ist, der hinter jeder Ecke lauernden Katastrophe. Das Glück verdient haben, sich verdienen, Provisionen, Geschenke unterm Tisch. Nicht mit holländischen Bankern, Bankbeamten, dachte Brockmann, als er ihnen in Amsterdam gegenübersaß. Die beiden Indonesier würden morgen dazustoßen, sie hatten in ihren Mails von einer – so gut wie sicheren – Staatsbürgschaft gesprochen. Ein Pleitestaat, der einer vor der Zahlungsunfähigkeit stehenden Gesellschaft den Kauf einer Anlage absichert, mit der sie Waren bedrucken will, für die es im Land derzeit keine Abnehmer gibt. Es war alles lächerlich, wenn es nicht so verzweifelt gewesen wäre, so lächerlich (oder verzweifelt), wie jetzt, in diesem Executive Dining, in dieser Runde, von Exportchancen anzufangen. Mittelfristige Perspektiven, sagte Brockmann dann aber doch, was keine überschwänglichen Reaktionen hervorrief. Eigentlich gar keine, ein Stirnrunzeln, ein stummes Kopfnicken. Man versuchte, die Form zu wahren, einen Ton zu finden, der die Dinge herunterspielte. Ist das ein Weltuntergang? Sie kennen Indonesien, sagte Brockmann, Sie kennen die Menschen ... Doch dann wusste er nicht weiter. Natürlich kennt Ihr Indonesien, dachte er, einen Schluck Mineralwasser trinkend, darum seid Ihr überhaupt dabei, alte Verbindungen, eine Tradition einseitiger Geschäfte.

Am Abend wird er von einem beflissen aufdringlichen Kellner in einem – indonesischen – Restaurant zum einzigen Platz geführt, der noch frei ist, an einem Tisch für zwei, wo schon eine Frau sitzt. Er lehnt es ab, sich zu setzen, entschuldigt sich, will wieder gehen, als die Frau ihm mit einer flüchtigen Geste bedeutet, sich nicht so zu haben, ihr sei es egal, nimm endlich Platz und bestell dir was, wir müssen uns nicht unterhalten. Angelika Volkhart, eine Russischlehrerin, die Deutschland 1991 verlassen hat und seitdem in den Niederlanden lebt, in Amsterdam mittlerweile die Außenstelle einer auf Ost-West-Handel spezialisierten Reederei/Spedition leitet. Sie wird neben Brockmann und Green (oder Niko) die dritte Hauptfigur des Romans sein.

Auf der Suche nach der Syntax einer Gegenwart, die

von sich selbst verschlungen zu werden droht. Keine großen Ideen als stabilisierende Bezüge, als Linien der Orientierung, es sei denn das Geld. Das keine große Idee ist.* Veränderliche Subjekte, die von Kontingenzen, von Zufällen und Aberwitzigkeiten geschüttelt werden, indes sie auf Zickzack-Kurs durch unser Gesichtsfeld oszillieren. In Satzgefügen, die sich immer weiter verzweigen, entfernte Räume und Zeiten periodisch zu verbinden vermögen, als sei hier, auf diese Weise, ein verborgener Sinn aufzudecken. Ein von Dissonanzen unaufhörlich bedrohter Sinn, Fremdsprache oder grammatikalische Torsion, die den Sätzen jene innere Spannung beschert, die sie über alle vorher erdachten Handlungs-Twists, alle Plot-Logiken, hinaustreiben wird. Möglichkeiten, die sich Zeile für Zeile beim Schreiben ergeben, wenn es gelingt, dem Werden eines Textes zu folgen; einer anfangs körperlosen Empfindung Ausdruck zu verleihen. In irritierenden Hypotaxen, Sprüngen von einem Kontinent zum anderen, Epochen und Ereignisse unvermittelt kollidieren lassend.

Ein Mittendrin, dem nicht zu entkommen ist. Das Ab-jetzt einer Geschichte, das sie – notwendig, unwiderruflich – in Gang bringt. Ein leitender Salesmanager nachts in einem Hotelzimmer in Düsseldorf, er liest

---

* »Heute wissen wir, dass, wenn die Idee tot ist, auch der Henker stirbt. Die Frage ist, ob aus dem legitimen Wunsch nach dem Tod des Henkers auch der Imperativ ›Lebe ohne Idee‹ folgen muss.« Alain Badiou, *Das Jahrhundert*, S. 146.

Mails, während das Fernsehgerät den üblichen Sperrmüll an Bildern ausspuckt. Den ganzen Tag hat er im Haus seiner Eltern (seiner Kindheit) verbracht, man feierte den 85. Geburtstag seines Vaters. Abzusagen war unmöglich gewesen, ebenso, sich dem Verlangen von Bruder und Schwester zu verweigern, spätabends in diesem grauenhaften Partykeller noch gemeinsam Super 8-Filme anzuschauen, die ihr Vater – erste Schultage, Jochen im Cowboykostüm – in den fünfziger und sechziger Jahren gedreht hatte.

Ein verkrüppelter Jongleur am Seeufer in Zürich.

Der Tresorraum mit den Schließfächern in der HSBC-Filiale.

Das schweißglänzende Gesicht des Pakistani im Liegesessel neben Brockmann, als das Flugzeug über dem Atlantik mehrmals hintereinander in Luftlöcher sackt.

Bei einem Ausstellungsbesuch in Mailand eine Installation Renée Greens, *Partially Buried in Three Parts*.

Die Geste Angelikas, mit der sie ihn auffordert, an ihrem Tisch Platz zu nehmen.

Worte, Dinge, gewendet in der Hand der Geister. »Versuche sie dann jemand zu halten, versuche jemand ein Gras und sich an ihm zu halten das erst in der Mitte des Stengels zu wachsen beginnt.« Man kann es versuchen. Zu schreiben beginnen. Ich beginne zu schreiben.

Inhalt